D1873311

# Mein Kind – das Genie

Fördern Sie mit Spiel und Spaß den Grips Ihres Kindes

# Mein Kind – das Genie

Ken Adams

Fördern Sie mit Spiel und Spaß den Grips Ihres Kindes

EDITION XXL

# Inhalt

# Einführung

Noch vor drei Monaten war Simon in einem Förderprogramm seiner Schule. Er konnte kaum lesen, seine Mathematikkenntnisse waren sehr dürftig und er hatte große Schwierigkeiten, überhaupt etwas zu lernen. Er befand sich im unteren Drittel seiner Realschulklasse und versagte immer mehr.

Nachdem ich eine Stunde mit ihm gearbeitet hatte, war ich davon überzeugt, dass er alles andere als ein Schulversager war, sondern mit der richtigen Motivierung sogar eine sehr große und schnelle Auffassungsgabe haben könnte. Seinen Eltern gab ich Ratschläge, wie sie Simon zwischen den Sitzungen fördern konnten, und ich selbst arbeitete zwei Mal in der Woche mit ihm. Schon bald verbesserten sich seine Zensuren in Deutsch und Mathematik drastisch.

Heute kann Simon gut lesen, schreibt unwahrscheinlich gute und fantasievolle Geschichten und seine Rechtschreibung hat sich fantastisch verbessert. Er kann addieren, subtrahieren, lange Multiplikationen und Divisionen ausführen und gelernte Konzepte gut auf eine Alltagssituation übertragen. Natürlich wurde er aus dem Förderprogramm der Schule herausgenommen.

Auch andere kluge Kinder mit schneller Auffassungsgabe können motiviert werden, dass sie ihr bestes Potential aus sich herausholen. Das geht, wenn sie mit den richtigen, wie hier im Buch beschriebenen Methoden gefördert werden.

Bald werden Sie wissen, wie Sie diese Methoden auch bei Ihrem Kind anwenden, es motivieren und über viele Jahre hinweg begleiten und fördern können. Wenn Sie ihm bei den Schulaufgaben helfen, haben Sie einen großen Vorteil: Sie kennen Ihr Kind am besten von allen Menschen, können es durch die Kindergartenzeit, Vorschule und Grundschule begleiten und mit Lernhilfen unterstützen, die genau auf Ihr Kind zugeschnitten sind.

Dieses Buch lehrt sie diese Lernmethoden und weil Sie diese Techniken bald beherrschen, wird Ihr Kind in keiner Institution Lernprobleme haben, sondern das Beste aus sich herausholen können. Und sollten Probleme auftauchen, werden Sie diese direkt im Ansatz beseitigen.

Das Wort „versagen“ können Sie getrost vergessen. Ich bin mir sicher, dass Sie das Genie in Ihrem Kind entdecken und herausholen können.

Ken Adams

Dieses Buch garantiert, dass jeder schnell und effektiv lernen kann.

1

# Wie Kinder lernen

# Erschaffen von geistigen Bildern

Sobald unsere Sinne (Sehen, Hören, Schmecken, Fühlen und Riechen) Signale von außen erhalten, regen Rezeptoren in den Sinnesorganen (Augen, Ohren, Geschmacksknospen, Haut und Nase) Nerven an, diese Impulse an das Gehirn weiterzuleiten. Beispiel: Wenn wir z. B. ein Wort sehen, dann bildet sich auf der Netzhaut davon ein Bild. Die Rezeptoren der Netzhaut werden stimuliert und die Nervenimpulse gehen über den optischen Nerv an das Gehirn weiter. Diese Impulse passen nur zu diesem bestimmten Wort und werden im Gehirn als Code gespeichert. Sehen wir dieses Bild erneut, wird durch die Codierung eine Wiedererkennung möglich.

Wenn wir eine bestimmte Sache betrachten, sehen wir eine ganze „Szene", deshalb müssen selektive Prozesse einsetzen, die Dinge, die in diesem Moment nicht wichtig sind, herausfiltern. Oft versagt ein Kind in der Schule, weil der Lernstoff dem Gehirn nicht richtig präsentiert wurde, zu viele Informationen auf einmal angeboten wurden und Ideen und Konzepte, die es gerade braucht, in dem Wust der Informationen untergehen. Oft fehlt auch die nötige Konzentration, die richtigen Bilder zu entwickeln, die das Lernmaterial verständlich machen würden.

Die codierten Bilder bzw. Impulse werden nur für ein paar Minuten im Kurzzeitgedächtnis gespeichert. In dieser Zeit sucht das Gehirn im Langzeitgedächtnis nach Übereinstimmungen oder ähnlichen Bildern. Wenn jetzt die Konzentration sinkt und eine andere Information codiert wird, kann die vorrangige Information aus dem Kurzzeitgedächtnis verdrängt werden.

## Das Wesen der Bilder

Damit die neuen Informationen im Kurzzeitgedächtnis gespeichert und mit den verschiedenen Informationen im Langzeitgedächtnis verglichen werden können, schafft sich der Mensch geistige Bilder. Schaut sich ein Kind z. B. ein Bild von einer Tasse an, wird es codiert und als geistiges Bild des Wortes umgewandelt. Ob das echte Wort und das geistige Bild auch wirklich übereinstimmen, kann man nur vermuten, aber wir alle „sehen" die Dinge wohl sehr ähnlich. Das geistige Bild von realen Sachen, z. B. von einem Haus, einem Auto oder einer Straße, ist dreidimensional. Abstrakte Begriffe wie z. B. Gerechtigkeit schaffen keine deutlichen Bilder, dann „sehen" wir eine passende Szene, z. B. einen Richter, der ein Urteil verkündet, oder einen berühmten Gerichtsprozess.

Wollen wir dem Neuen einen Sinn geben, dann muss das gerade wahrgenommene Bild irgendetwas im Langzeitgedächtnis ähneln. Wir legen deshalb eine Vielfalt von Bildern in unserem Langzeitgedächtnis an, damit wir viele genaue oder fast übereinstimmende Bilder haben und wir in dem, was wir gerade sehen, hören oder fühlen einen Sinn oder eine Bedeutung erkennen.

## Genaue Übereinstimmung

Wenn das Bild, das wir wahrnehmen, ganz exakt mit einem Bild in unserem Langzeitgedächtnis übereinstimmt, wissen wir genau, was wir sehen. Das wird „genaue Übereinstimmung" genannt: Unser Gehirn erkennt ein Haus, eine Straße, ein Wort oder das Ergebnis einer Multiplikation und hat damit eine exakte

# Wie Lernen funktioniert

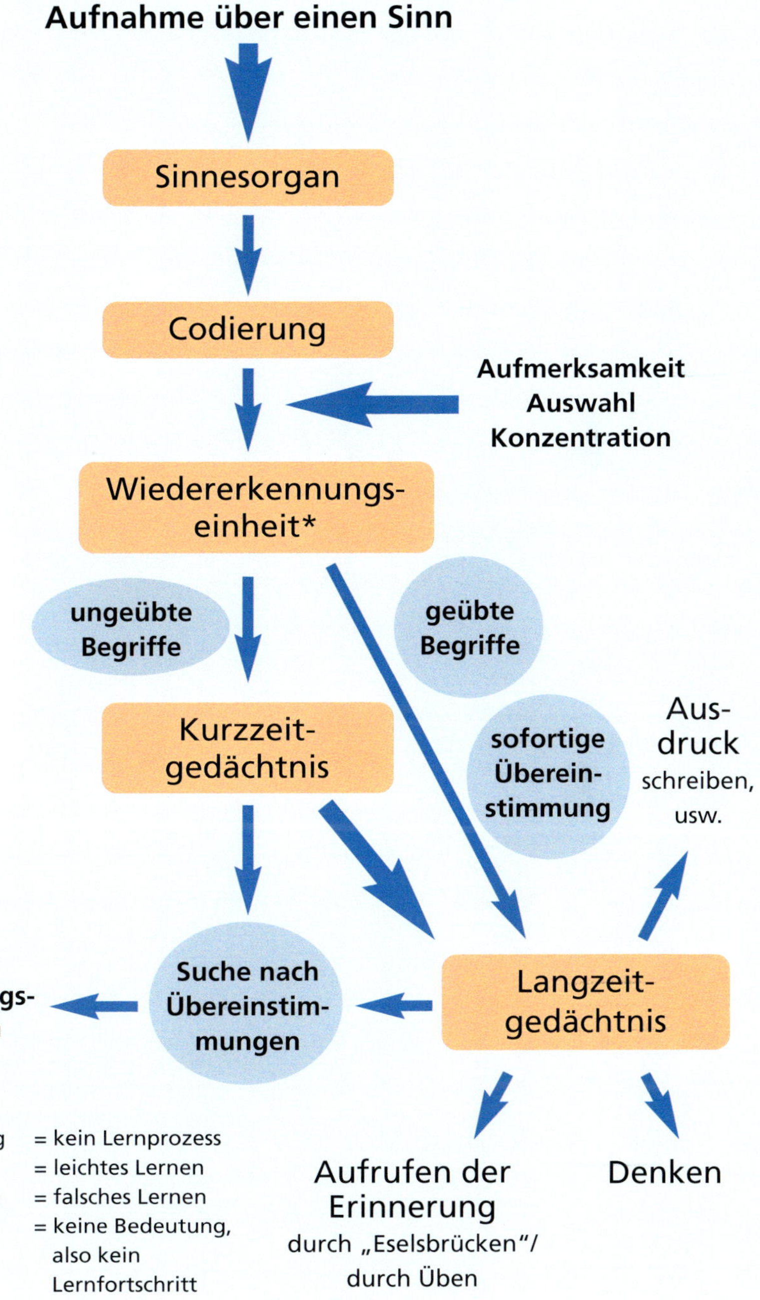


* Die Wiedererkennungseinheit erkennt, was „sehr wahrscheinlich noch einmal gemacht wird", und verbindet sofort mit oft geübten Begriffen.

| | |
|---|---|
| genaue Übereinstimmung | = kein Lernprozess |
| Fast-Übereinstimmung | = leichtes Lernen |
| falsche Übereinstimmung | = falsches Lernen |
| Nicht-Übereinstimmung | = keine Bedeutung, also kein Lernfortschritt |

Übereinstimmung erzielt. Haben wir dieses Bild schon sehr häufig gesehen, kommt es sofort zu diesem Treffer. Dann wird sogar das Aufrufen bestimmter mentaler Bilder übergangen und das Erkennen geschieht durch die Übereinstimmung zweier Codes. Das passiert, wenn eine Sache durch Probieren und Üben so oft aufgerufen worden ist, dass die Einheit im Gehirn, die das Erkennen aufruft, schon auf „Das wird garantiert bald wieder gemacht" programmiert ist. Das kennen wir alle, wenn wir das 1 x 1 aufsagen: Hören wir „2 x 4", wissen wir sofort die Antwort.

Genaue Übereinstimmungen geben uns das Gefühl von Sicherheit: Wir erkennen und verstehen ganz genau, was wir sehen. Dennoch wird durch Wiederholen der gleichen Erfahrungen kein Lernprozess in Gang gesetzt. Kennt ein Kind das kleine 1 x 1 und weiß, dass 3 x 10 bedeutet, drei Posten zu je zehn Autos zusammenzuzählen, hat es damit schon eine gute und nützliche Basis, schwierigere Lernvorgänge wie z. B. Dividieren oder Bruchrechnen zu verstehen. Wenn wir nur die gleichen Dinge wiederholen würden, fände kein Lernfortschritt, sondern eher das Gegenteil statt: Der Aufbau des Gehirns wird eingeschränkt und damit das Denken und die kreativen Fähigkeiten.

## Annähernde oder Fast-Übereinstimmung

Die beste Art zu lernen ist die, wenn unser Gehirn durch die Umgebung kontinuierlich neue und herausfordernde Erfahrungen machen kann, die es mit schon vorherigen Erfahrungen vergleichen kann. Wenn diese Eindrücke nicht zu sehr von den Bildern in unserem Langzeitgedächtnis abweichen, geschieht eine Fast-Übereinstimmung: Die neuen Informationen passen sich den Bildern im Gedächtnis an. Beispiel: In unserem Langzeitgedächtnis ist ein allgemeines Bild von dem Begriff „Baum" vorhanden. Wenn wir jetzt einen Baum sehen, den wir noch nie zuvor gesehen haben, dann passt sich das neue Bild an das schon vorhandene an. Der allgemeine Begriff „Baum" wird viel spezieller, hier könnte die neue Information: „Der neue Typ Baum ist eine Birke!" sein. Durch den Standort, z. B. der Garten der Oma, wird mit dem Begriff ein weiteres Bild im Gehirn verankert.

Das Lernen ist also ganz einfach, wenn die neuen Erfahrungen den schon gemachten ähneln. Bei Kindern ist diese Fähigkeit des Gehirns, neue Erfahrungen an alte anzugleichen, jedoch ganz unterschiedlich ausgeprägt: Manche Kinder können zu einer Fast-Übereinstimmung kommen, weil genug Begriffe im Vorfeld vorhanden sind. Kinder, die langsam lernen, haben gewöhnlich Schwierigkeiten, neues, fast übereinstimmendes Lernmaterial mit alten Begriffen zu kombinieren. Sie können dann besonders auf Gebieten wie dem Lesen, Zahlen, Algebra, Mechanik und dem Lösen von Problemen Schwierigkeiten haben, wenn die neuen Begriffe nicht mit irgendwelchen Begriffen im Gehirn verbunden werden können. Es findet keine Übereinstimmung und damit auch kein Lernfortschritt statt. Die Annäherung muss daher noch differenzierter und genauer erfolgen, die Lernschritte in noch kleineren Einheiten gemacht werden. Dann schaffen auch Kinder, die langsam lernen, diesen Prozess mit Leichtigkeit. Ohne solch eine Strukturierung würden sie mehr und mehr auf der Strecke bleiben, während andere weitere Fortschritte machen und den Wissens-Abstand vergrößern.

## Nicht-Übereinstimmung

Leider trifft man bei Schülern sehr häufig auf dieses Lerndefizit. Wenn der Lernstoff gut aufgebaut und den Bedürfnissen des Lernenden angepasst ist, dann wird Lernen zu einer positiven Erfahrung ohne größere Misserfolge. Ein Kind kann mühelos vom ersten zum zweiten Lernschritt gehen, wenn es gelernt hat, neue Begriffe durch Fast-Übereinstimmung zu lernen. Unglücklicherweise sind manche

Lehrbücher oder Lernprogramme sorglos aufgebaut oder lehnen aus philosophischen Gründen sogar ein strukturiertes Lernen vollständig ab. Außerdem muss man sich vergewissern, ob im Gedächtnis eines Kindes schon bestimmte Begriffe sind, auf die es aufbauen kann, bevor ihm ein neuer Lernstoff angeboten wird. Sind diese Begriffe gar nicht vorhanden, wird das Neue überhaupt keinen Sinn machen und „Hieroglyphen" bleiben.

Um also eine Nicht-Übereinstimmungs-Situation zu vermeiden, sollte der Wissensstand geprüft werden, auf den aufgebaut werden kann. Das trifft nicht auf alle, aber auf viele Wissensgebiete zu: Man muss z. B. schon die Zahlen und ihre Reihenfolge kennen, bevor man mit der Addition beginnt, andersherum ist es logisch unmöglich. Oft liegt die Ursache des Misserfolgs eines Kindes darin, dass gerade Mathematiklehrer Wissen voraussetzen, das bei den Schülern noch gar nicht vorhanden ist, und behandeln dessen ungeachtet schon neuen Lernstoff.

## Falsche Übereinstimmung

Die Suche nach übereinstimmenden Bildern im Gehirn geschieht relativ langsam. Das Langzeitgedächtnis produziert zuerst jede Menge Bilder, die vielleicht zu dem neuen Eindruck passen könnten. Leider geschieht es ab und zu, dass aufgrund falscher Kenntnisse oder nicht ausreichend gelerntem Wissen sowohl ein Kind als auch ein Erwachsener zu falschen Schlüssen kommt und eine Situation falsch einschätzt. Sind zu wenig Informationen im Langzeitgedächtnis des Lernenden, dann sucht das Gehirn lieber diese wenigen Bilder heraus als gar keinen Sinn in dem Neuen zu erkennen. Folglich werden Wörtern, Mathematikabläufen, wissenschaftlichen Prinzipien (Regeln) und problematischen Aufgaben falsche Bedeutungen zugemessen. Diese Falsch-Übereinstimmung führt auf Dauer dazu, dass man kein Vertrauen mehr in das eigene Denken hat, was jedoch durch Fast-Übereinstimmungen und durch eine richtige Lernreihenfolge wieder geändert werden kann.

### Reifeabschnitte

In ganz bestimmten Altersabschnitten ist ein Kind normalerweise in der Lage, ganz bestimmte Dinge zu beherrschen:

- **2–3 Jahre** Das Kind kennt noch nicht die genaue Bedeutung von Zahlen. Selbst wenn es schon zählen kann, wird es ab und zu noch die Reihenfolge der Zahlen, besonders die Zahlen über zehn, durcheinanderbringen.
- **3–4 Jahre** Das Kind sollte jetzt schon zählen können, wird die Zahlen aber nicht als abstrakte Begriffe anwenden können. Es kann vielleicht schon Gruppen mit drei Gegenständen oder weniger erkennen. Manche Kinder entwickeln schon Interesse an Brettspielen (keine Strategiespiele) und lesen gerne Sachbücher, in denen sie Sachen entdecken können, während Sie ihm daraus vorlesen. Einige Kinder können schon Sachen und Vorgänge erklären oder wollen es von Ihnen wissen.
- **4–5 Jahre** Das Kind fängt an, Zahlen zu vergleichen: Zwei ist kleiner als drei, aber größer als eins. Es kann auch schon Sachen sortieren, sollte z. B. weiße und bunte Wäschestücke auseinanderhalten oder für jede Person das richtige Besteck auf den Tisch legen können. Manchen Kindern ist auch schon bewusst, dass verschiedene Menschen unterschiedliche Meinungen haben können.
- **6–7 Jahre** Das Kind fängt jetzt damit an, Grundstrategien bei Spielen zu entwickeln. Es kann Gegenstände der Größe nach sortieren und einfache Additionen sollten keine Schwierigkeit sein.

# Sich an Informationen erinnern

Oft haben Kinder etwas ganz klar verstanden, aber im nächsten Moment scheinen sie alles vergessen zu haben. Wenn ihnen allerdings beigebracht wird, wie sie Informationen richtig abspeichern können, werden sie sich auch daran erinnern können. Mit zwei Methoden ist das leicht zu schaffen: Mit Üben und mit „Eselsbrücken".

## Üben

Durch ganz häufig wiederholtes Üben überspringt das Gehirn den Prozess, Informationen und Bilder aus dem Langzeitgedächtnis aufzurufen und diese dann mit der momentanen Erfahrung, die im Kurzzeitgedächtnis wartet, abzustimmen. Dieses Überspringen geschieht irgendwann zwischen dem Moment, in dem ein Eindruck über einen Sinn aufgenommen wird und der Speicherung im Kurzzeitgedächtnis. Dann wird eine sofortige Übereinstimmung zwischen dem Eindruck, den das Gehirn gerade über das Sinnesorgan erhält, und der codierten Information im Langzeitgedächtnis erzielt. Sie geschieht augenblicklich: Wir wissen genau, was wir gerade erfahren.

Für Kinder gibt es eine sehr wirkungsvolle und eine unwirksame Art, durch Üben dieses Stadium zu erreichen. Stupides Auswendiglernen gehört zu der letzteren Gruppe: Es ist langweilig und ineffektiv. Ein bewusstes Visualisieren dagegen kann in einem Bruchteil der Zeit das gleiche Ergebnis erreichen. Hierbei stellt man sich bildlich vor, was man gerade übt, und ruft damit der Einheit im Gehirn, die für eine Übereinstimmung verantwortlich ist, ein ganz lautes „Ich weiß es schon, ich habe einen Treffer! Setz sofort einen Soforterkennungscode in Betrieb und speichere es da ab!" zu und irgendwann wird diese Einheit es tatsächlich tun.

Diese Lernart ist eine Fähigkeit, die schnell automatisch ausgeführt wird wie Auto fahren oder das Aufsagen des 1 x 1. Die Antwort auf 3 x 5 weiß man vielleicht durch stupides Auswendiglernen, aber was das Ergebnis bedeutet, erkennt man über die Visualisierung, weil die Antwort auf „Was bedeutet denn 3 x 5 im wirklichen Leben?" ein geistiges Bild von drei Fünfergruppen erfordert. Für den Lernprozess ist diese Art des Denkens jedoch viel wichtiger, weil sie auf so viele andere Lerngebiete angewandt werden kann.

## Eselsbrücken

Durch Eselsbrücken, auch „Pegging" genannt, kann man sich durch Visualisieren an bestimmte Informationen erinnern, indem man an bestehendes Wissen andere Bilder anhängt. Wenn man sich an eine bestimmte Stadt erinnern will, dann packt man zu dem Namen Bilder, z. B. von einem Restaurant, die dann im Gedächtnis gespeichert werden. Diese Bilder versehen Sie jetzt noch mit Namen, z. B. dass das Restaurant „Dolce Vita" hieß und in der Kaiserstraße war. Gibt es in Ihrem Gedächtnis Straßen mit dem gleichen Namen, selbst wenn diese in einer anderen Stadt sind, dann werden die alten Informationen und die neuen Bilder jetzt miteinander verknüpft: In Ihrem Gedächtnis hat sich eine weitere Karte angelegt. Sie können diese Erinnerung verstärken, wenn Sie zu diesen Bildern eine ganze Geschichte erzählen: „Um 7:30 Uhr klingelte mein Wecker. Ich habe mich angezogen und einen Toast mit Marmelade zum Frühstück gegessen. Dann habe ich das Auto aus der Garage geholt und bin über die Autobahn nach …". Auf diese Art wird man sich ausgezeichnet an Orte, die man besucht hat, erinnern. Mithilfe von Eselsbrücken kann man

# Eselsbrücken

2 Holzstapel:
26 Stöcke und 15 Stöcke

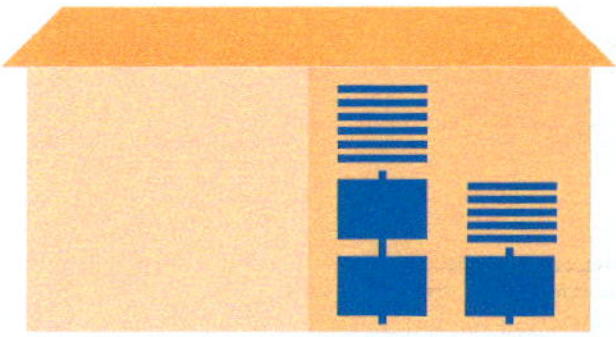

2 Bündel mit je 10 Stöcken und
1 Bündel mit 10 Stöcken

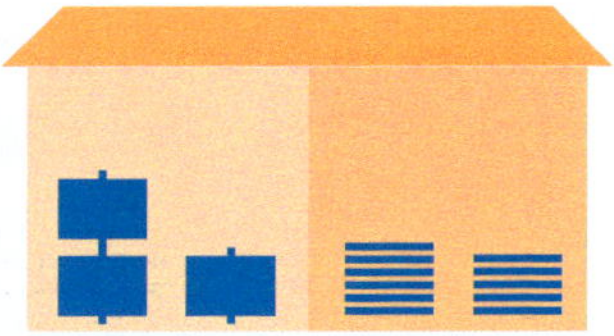

3 Bündel mit je 10 Stöcken
wandern, es bleiben 1 Stapel
mit 6 und 1 Stapel mit
5 einzelnen Stöcken übrig

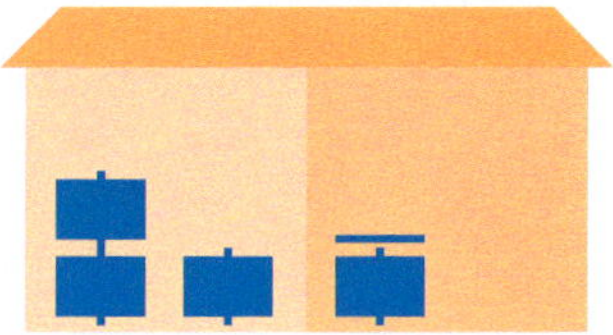

10 der einzelnen Stöcke
werden zu einem Bündel
zusammengebunden

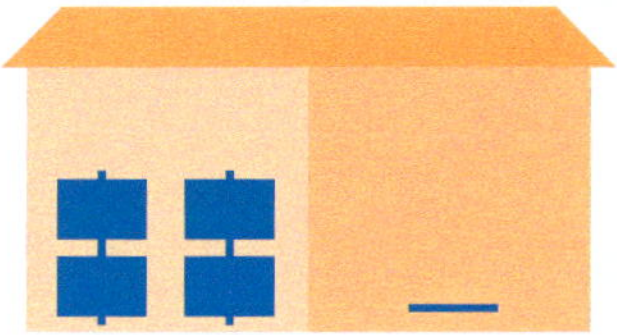

Dieses Bündel wandert ins
linke Feld; es bleibt ein
einziger Stock übrig

ein Bündel mit 10
Stöcken

4 Bündel mit je 10 Stöcken
und
1 einzelner Stock = 41 Stöcke

wunderbar in der realen Welt überleben. In der Schule wird meistens noch das Auswendiglernen bevorzugt. Durch eine Eselsbrücke wird die Information viel leichter aus dem Gedächtnis geholt, allerdings muss ein ungeübter Lernender erst lernen, wie man Eselsbrücken anwendet, aber dieser Aufwand lohnt sich.

Zählen wird oft mit beiden Methoden gelernt:

**Eins und zwei, steh mir bei,**
**drei und vier, komm zu mir,**
**fünf und sechs, nimm zwei Keks',**
**sieben, acht, bau ein Dach,**
**neun und zehn, das wird schön.**

Mit diesem Vers werden die Zahlen mit realen Sachen verknüpft, das Kind bekommt ein Gespür für Reime und Rhythmus und durch die „Geschichte" bleiben die Informationen im Gedächtnis.

Prozesse und Abläufe können genauso verknüpft werden, ein Kind kann sich z. B. den Minutenzeiger einer Uhr so vorstellen, dass er sich bei einer Addition vorwärtsbewegt, bei einer Subtraktion rückwärts. Wie oben auf der Abbildung gezeigt, kann das Hinzufügen bei Additionen wunderbar durch den Mann, der in einer Scheune Stöcke zusammenbindet, verstanden und im Gedächtnis gespeichert werden. Die Aufgabe, die hier gerechnet werden soll, sieht so aus:

26 + 15 = 41

Die Geschichte klingt so: Auf der rechten Scheunenseite hat ein Mann zwei Stapel Stöcke gesammelt. Da es mehr als 10 sind, bindet er die Stöcke beider Stapel zu Bündeln mit je 10 Stöcken zusammen, die er dann auf die linke Seite bringt. Die übrigen Stöcke bleiben rechts. Er kann aus diesen Stöcken noch ein weiteres Bündel mit 10 Stöcken binden, das er dann auch noch zu den anderen dreien auf der linken Seite trägt. So bleibt noch ein einziger Stock auf der rechten Seite übrig.

Durch diese Fast-Übereinstimmung wird dafür gesorgt, dass zwischen dem konkreten und dem abstrakten Bild eine Verknüpfung entsteht. Durch die Bildgeschichte, die ja an bekannte Erfahrungen (also Fast-Übereinstimmungen) anknüpft, wird das, was gelernt werden soll, mit dem, was im Gedächtnis vorhanden ist, verbunden.

# Denken und Kreativität

Bis jetzt hat sich dieses Kapitel damit beschäftigt, wie es zu einer Übereinstimmung zwischen dem, was durch die Sinnesorgane aufgenommen wurde, mit einem Inhalt im Gedächtnis kommt. Beim kreativen Denken jedoch geschieht im Gehirn selbst eine Modifikation, wenn durch Nachdenken oder sogar spontan ein Konzept verändert wird.

## Kreatives Denken

Diese Art des Denkens hängt davon ab, wie viele unterschiedliche Konzepte oder Wissensgebiete sich in unserem Gedächtnis befinden, und außerdem von unserer Fähigkeit, nach Verbindungen zwischen ihnen zu forschen. Wenn wir starr denken, dann wiederholen wir immer und immer wieder die gleichen Gedanken. Neue Verbindungen werden abgewehrt, weil sie für das Gehirn einen Angriff auf eine gesicherte Sicht der Welt darstellen.

Kreatives Denken kann durch verschiedene Arten, Probleme zu lösen, dem so genannten divergenten Denken, und durch außergewöhnliche Ausdrucksformen wie kreatives Schreiben, Modellieren, Malen, mathematisches und wissenschaftliches Forschen oder philosophische Betrachtungen angeregt werden.

## Lösen von Problemen

Zu den unterschiedlichen kreativen Methoden, ein Problem zu lösen, gehört das divergente Denken, bei dem z. B. auf die Frage „Welche Gerichte kann ich mit Käse zubereiten?“ nach unterschiedlichen Antworten gesucht wird. Im Vergleich zum divergenten Denken lässt konvergentes Denken nur eine Antwort auf eine Frage zu, z. B.: „Wie spät ist es in 30 Minuten?“ Hier wird das Problem in unterschiedliche Teile aufgeschlüsselt, die jeweils einzeln beantwortet werden. Dann fasst man diese verschiedenen Antworten zu einer Lösungsantwort zusammen. Die Strategie, über Versuch und Irrtum zu einer Lösung zu kommen, kann genauso gut wie Algebraformeln mit der Methode „Abänderung des schon Gelernten“ gelernt werden. Strategien trainiert man sowohl durch Üben als auch durch Eselsbrücken.

Wichtig ist auch hier, die Reihenfolge der einzelnen Lernschritte zu beachten: Man fängt an, eine Aufgabe mit einem Ergebnis zu lösen, und steigert sich dann, indem man versucht, für eine Aufgabe mehrere Ergebnisse zu finden. Die einfache Aufgabe gibt eine ganz allgemeine Antwort, im fortlaufenden Prozess werden die Antworten und die Techniken, die Lösungen zu finden, dann immer differenzierter.

# Lernschritte

Neu Erlerntes mit alten Erfahrungen zu kombinieren, führt zum Begreifen und mit jeder weiteren Erfahrung, die auf das Alte aufbaut, wird mehr verstanden. Die richtige Reihenfolge, bei der jeder Lernschritt folgerichtig auf dem vorhergehenden aufbaut, macht den Erfolg des Lernens aus.

## Lernschritte entwickeln

Es ist ganz wichtig, die richtige Reihenfolge beim Lernen zu entwickeln und dann jeden Schritt so gut zu lernen, dass er beherrscht wird. Es gibt für das Lesenlernen ganz unterschiedliche Ansätze und Methoden, bei denen verschiedene Übungen miteinander kombiniert werden. Die Erfahrung zeigt, dass es egal ist, für welche Methode man sich entscheidet, sie muss jedoch konsequent zu Ende geführt werden, sonst bleibt der Erfolg aus.

Normalerweise kann ein Kind schon sehr gut sprechen, bevor es anfängt, lesen zu lernen. Es gibt aber auch Ausnahmen: Ein zehn Monate alter Junge konnte z. B. Wörter lesen und ihre Bedeutung verstehen, während er sprechen lernte. Wörter lesen zu können, gab ihm einfach mehr Gesprächsstoff.

## Bedeutung von Wörtern

In der Regel lernen wir zuerst allgemeine Bezeichnungen, erst dann erfahren wir immer konkretere Begriffe: Ein Kind lernt z. B. erst den Überbegriff „Baum", bevor es etwas über die Eigenschaften von Nadelbäumen erfährt. Wenn das Kind allerdings seit seiner Geburt in einem Wald mit Nadelbäumen aufwächst, wird sein erstes Bild von einem Baum wohl das einer Tanne sein. Wenn es neue Bäume kennenlernt, dann ist es sehr wahrscheinlich, dass es die neuen Bilder und Informationen an sein Tannenbaumbild anpasst. Das kann natürlich zu Irrtümern führen, weil in seiner Vorstellung ja alle Bäume immergrün sind und Zapfen tragen. Es muss dazulernen, dass es auch Bäume gibt, die im Herbst Laub abwerfen und an denen vielleicht Äpfel wachsen. Idealerweise lernt ein Kind eine ganze Vielzahl verschiedener Bäume kennen und kann durch Vergleiche herausfinden, was an allen gleich ist. Dann werden die Beobachtungen und Einteilungen immer spezieller wie z. B. Bäume in immergrüne und laubabwerfende Arten einzuordnen.

Besonders im Bereich der Mathematik lernen Kinder oft unsystematisch und ohne aufeinander aufbauende logische Reihenfolge, obwohl ein schrittweises Vorangehen das Lernen beschleunigen könnte. Viele Übungen, die hier vorgestellt werden, sind logisch aufeinander aufgebaut und machen das Lernen leicht.

# Wie Sie Ihr Kind motivieren

Ihr Kind weiß, wie es richtig übt und mit Eselsbrücken und Ausdrucksweisen umgeht. Es ist bereit für den nächsten Schritt: Es muss erkennen lernen, was tatsächlich gelernt werden muss, und dazu braucht es Konzentration, anhaltende Motivation und Ausdauer.

## Konzentration

Eine gute Konzentration erreicht man:

- ..., wenn das Konzept gut verständlich beigebracht wird,
- ..., wenn man ungestört lernen kann,
- ... durch Selbstvertrauen,
- ... durch Motivationshilfen wie z. B. kleine Belohnungen nach kleineren und größeren Lernsequenzen,
- ... durch Ausdauer und Visualisierungstechniken, die alle Sinne ansprechen.

Schreiben, Zeichnen, Malen, Erzählen und Darstellen dessen, was gelernt wurde, kann die Konzentration genauso gut verstärken: Man zeichnet z. B. ein Bild, um eine bestimmte Gesetzmäßigkeit zu illustrieren, oder schreibt ein vorher buchstabiertes Wort noch auf.

Für die Konzentration ist die Art, wie ein Lernstoff beigebracht wird, von entscheidender Bedeutung. Die Fähigkeit, sich auf etwas zu konzentrieren, hängt auch davon ab, wie gut man sich davon ein mentales Bild schaffen kann. Wichtig für den Lernerfolg ist hier auch, dass der Stoff klar und ohne Umwege oder Ablenkungsquellen möglichst durch klare Abbildungen und Diagramme und bei Leseanfängern durch größere Buchstaben präsentiert wird. Für Kinder ist es auch sehr hilfreich, wenn beim Lernen mehrere Sinne angesprochen werden, z. B. können Buchstaben, die nicht nur gesagt oder angeschaut, sondern auch in Sand geschrieben werden, viel besser im Gedächtnis bleiben. Hilfreich ist auch, zwischendurch die Augen zu schließen und sich das neue Bild zu vergegenwärtigen. Ideen, Worte und Regeln kann man auch in einer geistigen Datenbank, einer so genannten „Mind-Map" anlegen, dann analysiert, ordnet und speichert das Gehirn die jeweiligen Informationen in den einzelnen Datenbanken: Beim Buchstabieren ordnet es z. B. einzelne Worte bestimmten, ähnlich strukturierten Wortgruppen zu.

### Mind Map: Faktoren zu 40

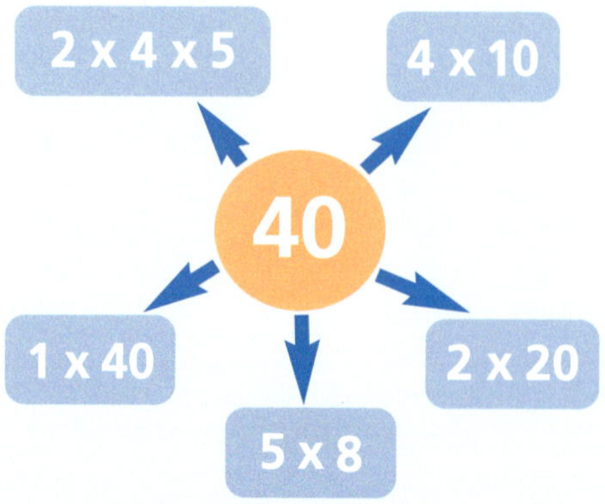


## Motivation

In einer perfekten Welt würde der Wunsch zu lernen schon als Motivation ausreichen. In der realen Welt braucht es etwas mehr, um Lernerfolge zu erfahren: den Antrieb, einem Problem auf den Grund zu gehen, ein Schaubild zu studieren oder ein Buch zu lesen.

Ein Kind wird durch leichtes Lernen schnell motiviert, deshalb kann nicht oft genug wiederholt werden, wie wichtig es ist, dass der Lernstoff richtig beigebracht wird, dass die richtige

Reihenfolge beachtet wird und dass es dem Kind gelingt, durch Annäherung und Übereinstimmungen sein Wissen zu vergrößern.

Was soll man aber machen, wenn das Kind überhaupt keine Bereitschaft zum Lernen zeigt? Würde man einem Kind die Chance geben, einen Jahrmarkt zu besuchen oder Hausaufgaben zu machen, hätte das Letztere wohl keine großen Chancen: Die meisten Kinder würden wohl den Jahrmarkt einer Seite voller Rechenaufgaben vorziehen. So eine Wahl kann einem Kind nicht geboten werden, wenn es ums Lernen geht, es sei denn, der Jahrmarktbesuch wird als Belohnung in Aussicht gestellt: „Ich gehe mit dir auf den Jahrmarkt, wenn du lernst, wie man diese Divisionsaufgabe rechnet!“ Ansporn kann auch eine kleine Pause zwischen den Lernphasen sein, in denen es das Lieblingsgetränk, eine leckere Kleinigkeit zum Essen oder das Versprechen gibt: „Du kannst deine Lieblingssendung im Fernsehen anschauen, wenn du mit dieser Aufgabe fertig bist!“.

Oft genügt schon eine elterliche Bestätigung, weil die meisten Kinder ihren Eltern gefallen wollen. Wenn diese Motivation noch mit dem Vertrauen des Kindes verbunden ist, dass es ihm gelingen wird, und von den Eltern der Wunsch geäußert wird, es auf jeden Fall erst einmal zu versuchen, weil sie sonst doch enttäuscht wären, dann reicht dieser kleine Adrenalinstoß oft schon aus, um die Konzentration wieder zu fokussieren.

Eine noch größere Motivation entsteht jedoch, wenn das familiäre und gesellschaftliche Umfeld des Kindes auch erfolgreich ist. Es erfährt dann, dass es sich lohnt, seine schulischen Leistungen durch Ausdauer zu steigern, weil damit eine gesellschaftlich hohe Stellung, ein gutes Einkommen und eine Wertschätzung der Gesellschaft erreicht werden können.

## Wie Sie die Konzentration Ihres Kindes verbessern

- Geben Sie Ihrem Kind zum Lernen einen ruhigen Arbeitsplatz: Fernseher, Radio, sprechende Menschen und andere Umweltgeräusche lenken es ab. Bleiben Sie in seiner Nähe, um es zu unterstützen.
- Wenn Ihr Kind etwas Bestimmtes tun soll, reden Sie es zu Beginn Ihrer Botschaft mit seinem Namen an und halten Augenkontakt. Damit wird es aufmerksam und nimmt das, was Sie sagen wollen, besser und konzentrierter auf.
- Vergewissern Sie sich, dass alles, was ablenken könnte wie z. B. Spielzeug, außer Reichweite ist oder kleinere Geschwister anderweitig beschäftigt sind.
- Lassen Sie wichtige Sätze sinngemäß von Ihrem Kind wiederholen, damit die wichtige Aussage auch erkannt und bestätigt wird. Manchmal hilft es auch, wenn man näher an sein Kind herangeht.

## Ausdauer

Lernen interessant zu gestalten, setzt schon hohe Maßstäbe und weckt das Interesse des Kindes. Lehrende wissen allerdings auch, wie wichtig es ist, dass diese Motivation auch lange gesichert werden muss, damit der Lernstoff und die Lernmethoden auch über lange Zeit hinweg verinnerlicht werden. Die Ausdauer, die dafür notwendig ist, kann durch die interessante Gestaltung des Lernstoffes gesteigert werden, die Illustrationen dürfen die Seite aber nicht so überfüllen, dass sie von dem eigentlichen Lernstoff ablenken. Manchmal werden auch Computerspiele eingesetzt, um mathematische Vorgänge appetitlicher zu machen. Wenn das Interesse des Programmierers allerdings die Gestaltung des Spiels und nicht die Vermittlung eines mathematischen Lernstoffes ist, wird der Lerneffekt sehr gering bleiben.

2

# Mit dem Baby lernen 0–1 Jahr

# Wahrnehmung entwickeln

Von Geburt an entwickeln Babys die erstaunliche Fähigkeit und den Wunsch, zu lernen und die Welt, die sie umgibt, zu verstehen. Babys lernen sehr schnell, verschiedene Stimmen zu unterscheiden, und erkennen schon sehr früh die Stimme und das Gesicht ihrer Mutter. Außerdem können sie auch schon recht bald Geräuschkulissen wie z. B. Melodien und Tonfälle unterscheiden: Marie konnte z. B. mit fünf Wochen das hohe „Hallo" ihrer Tante perfekt nachahmen, mit zehn Wochen hatte sie gelernt, „Mama" zu sagen. Die Tante wiederholte das Wort Tag für Tag und man konnte klar erkennen, dass Marie den Klang und die Bewegung der Lippen ihrer Tante so lange nachahmte, bis sie es ganz genau konnte.

## Die Welt wird größer

Im Vergleich zu einem neugeborenen Kind nimmt ein Erwachsener dreißig Mal so viel visuell wahr, ein Baby wird nur auf das aufmerksam, was es genau sieht. Es sieht nur Dinge im Umkreis bis zu 50 cm scharf und kann schwarze und weiße Streifen, die bis 30 cm von sich entfernt sind, unterscheiden, wenn die Streifen mindestens 2 cm breit sind, sonst sieht es sie verschwommen. Das Gesicht ihrer Mutter nehmen Neugeborene dreidimensional wahr, weil das Licht Kontraste im Gesicht schafft und die Augen, der Mund und die Haarumrisse hervortreten. Neugeborene erkennen außerdem deren Stimme, Berührung, Tonfall und Geruch.

Neugeborene mögen Dinge und Personen, die sich bewegen, lieber als unbewegliche, ziehen dreidimensionale Sachen den zweidimensionalen vor, mögen Gegenstände, die starke Kontraste haben, lieber als eintönige und Kurviges gefällt ihnen auch besser als Gradliniges.

Mit drei Monaten haben Babys schon gelernt, die Gestalt eines Objekts zu erkennen und als Einheit zu sehen, und mit dem Krabbeln nimmt ihre Erfahrung mit Formen und Gestalten stark zu, weil sie dann auch Dinge ergreifen, rollen und fallen lassen können.

### Fähigkeiten, die von Geburt an vorhanden sind:

- Wahrnehmung mit allen Sinnen
- Farbwahrnehmung
- Hören, besonders die Fähigkeit, menschliche Stimmen wahrzunehmen
- Geräuschkulissen
- Geruchs-, Geschmacks-, Tast-, und Bewegungssinn
- Eine Tiefenwahrnehmung entwickelt sich mit drei Monaten, das Erkennen von Bildern mit fünf bis sieben Monaten.
- Ab drei Monaten lernen Babys einzuschätzen, dass Dinge auch existieren, wenn sie diese nicht mehr sehen.

Sobald sie nach Dingen greifen und sie damit eine Lernerfahrung machen können, verändern und erweitern sich ihre Erfahrungen und ihr Wissen.

Mit sechs Monaten ist ein Baby fähig, einen hölzernen Baustein zu ergreifen und aufrecht zu sitzen. Ein paar Monate später kann es krabbeln. Mit jedem neuen körperlichen Entwicklungsstadium kommt auch die Fähigkeit hinzu, unbekannte Gebiete in seiner Umwelt zu erobern und damit das Wissen, das in seiner Erinnerung gespeichert ist, so anzureichern, dass es mit den neuen Erfahrungen verknüpft werden kann. Je mehr Babys wissen, desto größer wird dieses Potential auch.

Natürlich muss immer bedacht werden, dass einige Babys schneller als andere lernen. Darin unterscheiden sie sich nicht von Kindern und Erwachsenen.

Je unterschiedlicher die Erfahrungen Ihres Babys sind, desto mehr entwickeln sich auch seine Kenntnisse. Viele Erfahrungen macht es fast nebenbei, z. B. Oberflächen zu erfühlen, beim Füttern eine Flasche anzufassen, die Beschaffenheit und den Geruch der Bettdecke zu spüren sowie die Formen und Gestalten der Figuren über der Krippe oder dem Stubenwagen bei wechselndem Licht zu erkennen.

## Entwicklungsschritte

In diesem Kasten sehen Sie auf einen Blick, wie schnell sich die Fertigkeiten eines Babys besonders im ersten Jahr entwickeln.

- **3 Monate**
  Es streckt seine Hände nach Dingen aus, die in seiner Nähe sind, und versucht sie zu ergreifen; es kann seinen Kopf über eine längere Zeit hochhalten, egal, ob es auf dem Bauch oder Rücken liegt; es kann seine Gefühle durch eine wachsende Vielfalt von Gesichtsausdrücken zeigen; es reagiert auf unverwechselbare Geräusche und lauscht, wenn es leise Geräusche hört; es kann das Gesicht eines Mannes von dem einer Frau unterscheiden.
- **6 Monate**
  Es benutzt seine Finger, um Essen in seinen Mund zu stecken, und versucht, sich damit zu füttern; es kann selbstständig sitzen, ohne in irgendeiner Weise abgestützt zu sein; es erkennt den eigenen Namen und reagiert darauf, indem es sich in die Richtung dreht, aus der es angesprochen wird; es schreit, wenn es wütend ist, gluckst, wenn es spielt, und lacht, wenn es zufrieden ist; es erkennt sich selbst im Spiegel, manche Babys erkennen sich auch schon auf einem Foto.
- **9 Monate**
  Es kann auf eine Sache zeigen, die es haben will; es macht erste Schritte, wenn man es unter den Armen stützt; es ist neugierig, wenn es auf andere Babys trifft, manche schubsen sie sogar schon an; es kann alle Tiergeräusche nachahmen, die man ihm vormacht; es winkt zurück, wenn jemand ihm zuwinkt.
- **12 Monate**
  Es kann in jeder Hand ein Gefäß halten und Wasser von dem einem in das andere gießen; es kann Treppen ohne Schwierigkeiten hochkrabbeln; es reagiert gefühlvoll auf andere Familienmitglieder und erkennt deren Namen; es kann einfache Aufforderungen wie „Wink mal!" befolgen.

# Mit dem Baby sprechen

Im ersten Jahr ist das Neugeborene hauptsächlich damit beschäftigt, körperliche Entwicklungsschritte zu machen: Hand ausstrecken, greifen, umdrehen, sitzen, krabbeln, laufen, damit es mehr und mehr seine sichere Umgebung erkunden kann. Dazu gehört auch das Nachahmen von Geräuschen und Klängen.

## Zum Sprechen ermuntern

Wenn Sie Ihr Gesicht ganz nah an das Ihres Babys bringen und ein Wort sagen, dann kann es die Art, den Tonfall, die Höhe des Tons (zumindest bei hohen Tönen) und wie sich Ihre Lippen und Zunge zu diesem Laut bewegen nachahmen. Es wird dabei auch eine Verbindung zu dem Gefühl herstellen, das Sie mit diesem Ton zum Ausdruck bringen, und so früh schon in der Lage sein, die Bedeutung dessen zu erkennen, was Sie mit Ihrer Mimik ausdrücken. Durch das Sprechen mit Ihrem Baby, selbst wenn Sie nur ständig ein Wort, z. B. „Hallo“, wiederholen würden, wird dieser Lernprozess in Gang gebracht und emotionale Verknüpfungen werden aufgebaut.

Man nimmt an, dass Babys die ganz natürliche Fähigkeit besitzen, eine Sprache zu erlernen, und dass sie bestimmte Geräusche und Geräuschkombinationen inmitten anderer Geräusche ihres Umfeldes (Menschen oder Maschinen) wiedererkennen. Stellen Sie sich einfach vor, dass Sie eine fremde Sprache mit all ihren befremdlichen, neuen Vokabeln und Grammatikregeln lernen wollen, ohne Sprachunterricht zu nehmen, dann wissen Sie, wie es Ihrem Kind ergeht.

## Pädagogisch sprechen

Die Art und Weise, wie Eltern ihr Kind ermuntern und anregen, hat zweifelsfrei einen großen Einfluss darauf, wie schnell und leicht ein Kind sprechen lernt. Am Anfang werden Sie vielleicht in einer Weise sprechen, die man als „pädagogisch wertvoll“ bezeichnen könnte: kurze Sätze mit besonderen Betonungen und langen Lücken zwischen den Worten. Selbst wenn das Ihrem Kind hilft, die Sprache zu lernen, machen Sie es bitte nicht andauernd.

### Sprachentwicklung

In ganz bestimmten Altersabschnitten ist ein Kind normalerweise in der Lage, ganz bestimmte Dinge zu beherrschen:

- **1–6 Wochen – nonverbale Sprache**
  Schreien, Mimik, Augenkontakt und Bewegen der Hände und Füße.
- **2–4 Monate – gurren**
  Zufällige, ungeformte Laute, die Ihr Baby wiederholt, wenn es zufrieden ist.
- **5 Monate – zufälliges Geplapper**
  Eine größere Laut-Bandbreite, wenn es Ihre Aufmerksamkeit hat.
- **6–9 Monate – kontrolliertes Gebrabbel**
  Es „tut so als ob“, spricht, dabei kann es die gleichen Laute ständig wiederholen.
- **10–11 Monate – Vor-Sprache**
  Mit unterschiedlichsten Tonfällen werden Worte herausgebracht, obwohl sie noch nicht unterscheidbar sind.
- **ab 12 Monaten – die ersten Worte!**
  Jetzt wird der Wortschatz mit jedem Monat wachsen, ausgeprägter werden.

# Muster und Formen

Ein neugeborenes Kind kann hell/dunkel-Kontraste unterscheiden. Selbst wenn es ganz ruhig in seinem Kinderwagen oder Kinderbettchen liegt, wird es Formen und Muster um sich herum untersuchen, z. B. den Rand des Kinderbettbezuges, die Gitterstäbe des Bettchens und die Gesichter der Menschen, die in sein Blickfeld kommen.

## Formen und Farben erkennen

So erstaunlich es sein mag, aber ein Baby kann schon sehr früh unterschiedliche Formen erkennen, obwohl sich Psychologen nicht einig darüber sind, was es tatsächlich sieht. Es gibt jedoch keinen Zweifel darüber, dass es allein durch das Anstarren zwischen Formen wie Kreuz, Quadrat, Kreis und Dreieck zu unterscheiden weiß. Deshalb ist es nur gut, wenn Sie diese Neugierde Ihres Babys anregen und unterschiedlich geformte Objekte in sein Blickfeld hängen. Machen Sie sich keine Gedanken darüber, ob Sie es dadurch überfordern könnten: Ihr Baby giert geradezu danach, mit solchen neuen Erfahrungen klarzukommen.

Ebenso früh entwickelt sich die Farbenerkennung. Sie werden feststellen, dass Ihr Baby eine bestimmte Farbe bevorzugt und vielleicht einen blauen Gegenstand viel länger anstarrt als einen roten. Babys lieben Spielzeug mit leuchtenden Farben, klaren Strukturen und Formen. Das könnte auch der Grund dafür sein, warum Ihr Baby den Verpackungskarton, in dem das teure Spielzeug ankommt, viel interessanter findet als das Spielzeug selbst: Er ist vermutlich bunt, mit glatter Oberfläche und interessantem Deckel, bringt Ihrem Baby etwas über Farben, Bewegung und Beschaffenheit bei und ist deshalb unwahrscheinlich faszinierend.

## Spiel anregen

Bunte Mobiles mit unterschiedlichen Formen über dem Bett erweitern den Horizont Ihres Babys. Hängen Sie diese in einem Umkreis von bis zu 50 cm so auf, dass Ihr Baby sie noch nicht erreichen kann. Wenn es anfängt zu greifen, sollte das Spielzeug aus ungiftigem Plastik in unterschiedlichen Formen und Farben wie z. B. Rasseln sein. Ideal sind solche, die man quer über den Kinderwagen oder Sportwagen spannen kann. Hängen Sie eine Vielfalt an Farben, Formen und Geräuschen auf, um Ihr Baby zu unterhalten.

Ziel ist hier, wie auch in jeder anderen körperlichen Entwicklungsphase, dem Kind ein Spielumfeld zu bieten, in dem es vertraute Muster und Formen wiedererkennen kann und durch andere, neue Dinge angeregt wird. Ihr Baby lernt durch Betrachten, aber auch durch Hören und Anfassen. Seine Lernfähigkeit wird sich in dem Maß entwickeln, wie es neue „fast gleiche" Erfahrungen in seinem vertrauten Umfeld machen kann. Wenn Sie also mit ihrem wachen Baby spazieren gehen, einkaufen oder durch den Park laufen, werden sich seine Lernerfahrungen durch die wechselnden Umgebungen erweitern, seine Hörerfahrungen durch unterschiedliche Geräusche, Stimmen im Fernsehen und Musikstile.

# Ihr Baby anregen

In den ersten zwölf Monaten durchläuft Ihr Baby die folgenden Entwicklungsstufen: die Hände nach etwas ausstrecken, greifen, herumrollen, sitzen, robben, krabbeln und erste Schritte machen. (Die meisten Kinder lernen mit 15 Monaten laufen, einige schon mit acht Monaten, andere erst mit 18 Monaten.) In jeder Phase braucht Ihr Baby eine sichere und anregende Umgebung mit vielen Seh-, Hör-, und Tasterfahrungen.

## Entwicklungen unterstützen

Für 0–12 Monate alte Babys gibt es eine Vielfalt an Formen aus Plastik, Plastikbecher, Rasseln, quietschendes Spielzeug, Zahnringe und Spielstationen, welche die Entwicklung Ihres Kindes anregen.

Mit ungefähr sieben Monaten beginnt Ihr Baby, dreidimensionale Formen auf Bildern wie z. B. eine Flasche, einen Stuhl, Tisch, Löffel, Teller usw. zu erkennen. Wenn Sie ihm also jeden Tag Bilder mit Gegenständen zeigen und deren Namen wiederholen, werden damit im Gehirn Ihres Babys Erinnerungsspuren gelegt, auf die es später zurückgreifen kann: Worte und Bezeichnungen sind Grundbausteine für viele abstrakte, intellektuelle Gehirnleistungen.

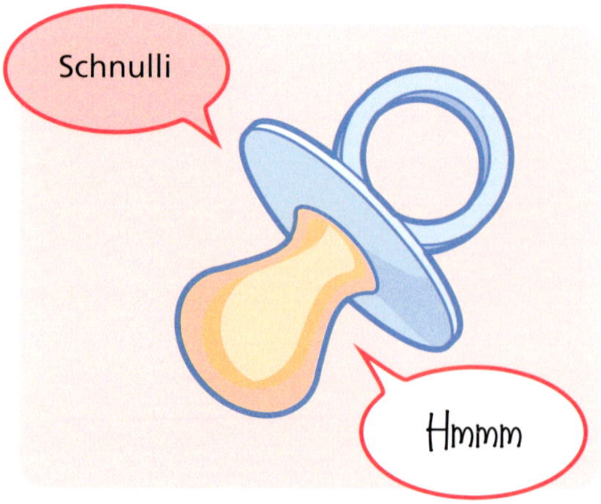


Sie können die Sprachentwicklung Ihres Babys auch fördern, wenn Sie es ermuntern, auf etwas zu zeigen, zu einem bestimmten Ort, Gegenstand oder Menschen zu gehen oder sogar den Namen der Gegenstände zu sagen, die es haben will (Flasche, Rassel, Schnuller, Teddybär ...) Hier wie in jeder Entwicklungsphase gilt: Wiederholen Sie diese „Ermunterungen“ nur, solange Ihr Baby aktives Interesse zeigt. Andererseits erkennen Sie, wenn es grunzt und auf etwas Bestimmtes zeigt, dass es ab jetzt ein klares Wort sprechen könnte, bei den meisten Kindern geschieht das um den ersten Geburtstag herum. Manchmal braucht ein Baby für ein Wort ein paar Tage, manchmal ein paar Wochen, es kommt hier darauf an, wie beharrlich und konsequent Sie sind. Babys, die sehr schnell lernen, können schon durch häufiges Üben Wörter kopieren. Ältere lernen Worte ohne viel zu üben, aber meistens sind Kinder um das erste Lebensjahr herum mit körperlichen Entwicklungsschritten wie dem Krabbeln beschäftigt, um die Welt aktiv zu erforschen.

Wenn Ihr Baby körperlich sehr aktiv ist, werden Sie vielleicht öfter Wörter anbieten müssen – bleiben Sie dabei geduldig und warten Sie ab, die Wörter werden kommen. Wörter, die in dieser Phase beigebracht werden, sollte das Kind auch aktiv anwenden können und sollten ihm vertraut sein (Löffel, Buch, Oma ...), obwohl Worte wie „Ja“, „Nein“, „essen“, „trinken“ oder „spielen“ in dieser Entwicklungsphase auch sehr wertvoll sind.

# Lieder und Spielzeug

Selbst sehr junge Babys versuchen, sich im Takt der Musik zu wiegen, machen manchmal dabei „Aah, Aah"-Laute und gurren. Das Erkennen und Unterscheiden von Tönen und Geräuschen ist schon beim jungen Baby sehr ausgeprägt. Singen Sie Ihrem Baby Lieder vor und wiegen Sie es dabei in Ihren Armen – so macht es unterschiedliche Rhythmuserfahrungen und seine Entwicklung wird beschleunigt. Das geschieht besonders in den Monaten kurz vor seinem ersten Geburtstag.

## Dem Baby Wiegen- und Spiellieder vorsingen

Es gibt sehr viele Wiegenlieder, die Sie Ihrem Baby vorsingen können, aber kleine Kinder lieben es auch, wenn sie immer und immer wieder die gleichen Lieder hören. Ganz besonders gerne mögen sie Lieder mit Fingerspielen wie z. B.:

Backe, backe Kuchen,
der Bäcker hat gerufen,
wer will guten Kuchen backen,
der muss haben sieben Sachen:
Zucker und Schmalz,
Eier und Salz,
Milch und Mehl,
Safran macht den Kuchen gel,
schieb es in den Ofen rein
für mein süßes Babylein.
*(Im Rhythmus klatschen, bei „schieb" die passende Bewegung ausführen und bei „Babylein" das Baby streicheln oder kitzeln.)*

Hoppe, hoppe, Reiter,
wenn er fällt, dann schreit er,
fällt er in den Graben,
fressen ihn die Raben,
fällt er in den Sumpf,
macht der Reiter „Plumps".
*(Das Baby sitzt auf dem Schoß, wird die ganze Zeit über an den Händen festgehalten und „reitet" im Rhythmus, bei „Plumps" lässt man es vorsichtig nach hinten kippen.)*

Das ist der Daumen, *(Daumen zeigen)*
der pflückt die Pflaumen, *(Zeigefinger zeigen)*
der hebt sie auf, *(Mittelfinger zeigen)*
der bringt sie nach Haus, *(Ringfinger zeigen)*
und der Klitzekleine, der isst sie
alle auf. *(kleinen Finger zeigen)*

### Spielzeug für 0–1 Jahr

- bunte Rasseln
- Bälle in unterschiedlichen Größen und Farben
- Bauklötze aus Holz oder Plastik
- Plastikbecher
- Bildkarten/Faltbücher
- Bilderbücher aus Flanell oder dicker Pappe
- Spielstationen
- Holzlöffel und Pfannen
- Spielzeugxylophone
- Kästen, in die man Gegenstände hineinstecken und herausholen kann

3

# Baby auf Achse 1–2 Jahre

# Gegenstände benennen

Obwohl sich zwischen dem ersten und zweiten Lebensjahr die körperlichen Fähigkeiten geradezu explosionsartig entwickeln, interessiert sich Ihr Baby (für kurze Zeit) auch für mehr intellektuelle Beschäftigungen, wenn es dabei auf Ihrem Schoß, auf dem Boden oder am Tisch sitzt. Eine Kombination der beiden folgenden Methoden wird seinen Wortschatz erweitern und ihm zeigen, wie es mit den Worten Sätze bildet. Wenn Eltern in dieser Phase Worte häufig wiederholen und dem Kind bewusst nur bestimmte Wortgruppen beibringen, beschleunigen sie damit das Lernen. Einige Wörter werden sowieso häufiger verwendet als andere und wenn das Kind sie beherrscht, werden ihm neue beigebracht.

## Benennen von Gegenständen

1. Zuerst stellen Sie die Gegenstände auf den Tisch und setzen sich, mit Ihrem Baby auf dem Schoß, davor. Sagen Sie abwechselnd von jedem Gegenstand die Bezeichnung und zeigen Sie dabei darauf.
2. Als Nächstes bauen Sie diese Gegenstände und ihre Namen in Ihre alltägliche Unterhaltung mit ein. Wenn Ihr Kind beispielsweise etwas trinken möchte, fragen Sie es: „Möchtest du den Becher?“ oder Sie bitten: „Bring mir den Becher!“ und betonen dabei das Lernwort „Becher“. Zeigen Sie ihm dabei deutlich, wie sich Ihr Mund beim Sprechen des Wortes bewegt, und sprechen Sie das Wort klar und deutlich aus.

Es ist natürlich drollig, wenn Kinder ihre eigenen Wortschöpfungen kreieren, und man ist versucht, sie zu übernehmen. Versuchen Sie trotzdem, das richtige Wort in ihren Antwortsatz einzubauen, denn durch die Wiederholung seiner eigenen Wortschöpfungen lernt Ihr Kind das richtige Wort erst viel später. So hatte z. B. ein fast dreijähriges Kleinkind ein ganz eigenes Vokabular aufgebaut, seine Eltern hatten sich darauf eingestellt und gelernt, was es wollte. Dadurch wurde seine Sprachentwicklung im wahrsten Sinn des Wortes um Jahre verzögert.

## Wortkarten

Mit Karten, auf denen alltägliche Gegenstände abgebildet sind, kann das Wörterlernen zu einem vergnüglichen Spiel werden. Sie können sie selbst zeichnen, die Bilder aus einer Zeitschrift ausschneiden oder per Computer ausdrucken. Zeigen Sie Ihrem Kind drei oder vier Karten und sprechen Sie die Namen der abgebildeten Gegenstände klar und deutlich aus. Wiederholen Sie das einige Male und bitten Sie dann Ihr Kind, in beliebiger Reihenfolge die Namen der Dinge zu nennen.

## Verben der Fortbewegung und abstrakte Wörter

Diese Wörter sind für die geistige Entwicklung Ihres Kindes von ungeheurer Bedeutung und werden leider häufig in der Vorschulerziehung vernachlässigt. Diese Verbenart kann wunderbar in Sätze eingebaut oder sogar als Strichmännchen auf Wortkarten gezeichnet werden. Zeigen Sie Ihrem Kind die Karte und fragen Sie dabei: „Was macht der Mann hier?“

### Die ersten Verben der Fortbewegung:

sitzen, laufen, liegen, rennen, essen, trinken, gehen, kommen, fallen

Diese und bestimmte abstrakte Wörter sind gut in kurze Aufforderungssätze einzubauen.

### Kurze Aufforderungssätze:

| | | |
|---|---|---|
| Komm her. | Setz dich. | Sitz still. |
| Leg dich hin. | Geh ins Bett. | Steh auf. |
| Öffne die Tür. | Geh hinein. | Komm heraus. |
| Schließ die Tür. | Wink mal. | Klatsch mal. |
| Halt. | Wirf. | Schau mal. |

Am schnellsten lernt ein Kind Zwei-Wort-Sätze, die regelmäßig wiederholt werden, später folgen Drei-Wort-Sätze wie z. B. „Ich will Milch!“ oder „Hol den Teddy!“.

Wenn Sie als Eltern Ihrem Kind Sinneseindrücke in Form von Fast-Übereinstimmungen geben, erweitert sich dadurch sein Wissen und Erinnerungsvermögen. Wiederholungen sind in dieser Phase besonders wichtig, weil es für ein Kleinkind noch zu schwierig ist, durch Eselsbrücken zu lernen. Machen Sie sich bewusst, dass Ihr Kind mehr versteht als es sprechen kann, und je mehr Wörter es hört, desto schneller wird es andere lernen.

## Gegenstände, die Ihr Baby benennen können sollte

- **Im Gesicht**

Augen, Mund, Ohren, Nase, Haare, Lippen, Zähne, Augenbrauen, Wimpern, Wangen

- **Körperteile**

Arme, Beine, Kopf, Füße, Hände, Finger, Zehen, Bauch, Po, Rücken, Knie

- **Kleidung**

Socken, Hemd, Rock, Kleid, Hose, Mantel, Pullover, Hut, Schal, Handschuhe, Schuhe, Stiefel

- **Im Haus**

Tür, Tisch, Stuhl, Teller, Löffel, Gabel, Messer, Becher, Pöttchen, Toilette, Bad, Bett, Fenster

- **Essen und Trinken**

Wasser, Milch, Keks, Kuchen, Süßes, Müsli, Kartoffeln, Fleisch, Käse, Brot, Eier, Zucker

- **Draußen**

Auto, Haus, Fahrrad, Bus, Baum, Blume, Busch, Hund, Katze, Geschäft, Straße, Zug, Bahnhof

# Größe, Form und Farbe

Bauklötze vermitteln Ihrem Kind eine Vorstellung von Größe, Form und Farbe. Beim Spielen damit lernt es ganz nebenbei. Verbindungen werden auf ganz leichte Weise im Gehirn aufgebaut, auf die es später beim abstrakten Lernen zurückgreifen kann. Leichtes Lernen ist besonders wichtig zwischen dem ersten und zweiten Lebensjahr, weil Ihr Kind so Vertrauen in seine Fähigkeiten bekommt und die Konzentration gefördert wird.

## Lernmaterial

Holzklötze gibt es in ganz unterschiedlichen Größen und Formen wie z. B. Quadern, Prismen, Zylindern, Kugeln, Pyramiden, Kegeln. Eine ideale Zusammensetzung besteht aus:

- zehn unterschiedlich großen Würfeln zum Vergleichen von Größen,
- verschiedenen Quadern zum Vergleichen von Längen,
- verschiedenen Formen der gleichen Größe (Würfel, Prismen, Zylinder) zum Sortieren nach Formen,
- einer Anzahl gleicher Größen, aber mit verschiedenen Farben zum Sortieren nach Farben (z. B. Prismen in Blau, Gelb, Grün, Rot).

Besorgen Sie außerdem noch einen Satz gleichfarbiger, ineinander stapelbarer Plastikbecher, mit denen man Sortierspiele nach verschiedenen Kriterien machen kann und mit denen im Gedächtnis Ihres Kindes eine gute Basis geschaffen wird, von der es später im Mathematikunterricht, wenn es um Maßeinheiten und Formen geht, profitieren kann.

## Sortierspiele

Bei diesen Spielen belohnt sich Ihr Kind selbst durch erfolgreiches Lernen. Wenn es mit den richtigen Erfahrungen versorgt wird, entwickelt es sich so schnell wie nie wieder in seinem Leben. Die meisten Fortschritte macht es auf körperlichem Gebiet: Es wird immer geschickter, kann immer besser klettern, rennen und springen, aber wenn Sie Ihrem Kind die richtigen Sinneseindrücke geben, können seine geistigen Fähigkeiten sich genauso schnell entwickeln.

### Nach Größen sortieren

Verschieden große Bausteine und Becher werden so aufgebaut, dass die unterschiedlichen Größen leicht zu erkennen sind. Babys fällt es schwer, diese der Größe nach zu sortieren, besonders wenn es mehr als zwei oder drei vor sich hat. Machen Sie es ihm vor und lassen Sie es dann einfach mit den Dingen spielen. Wenn Sie das über einige Wochen und Monate wiederholen, wird es nach und nach verstehen, was Begriffe wie größer und kleiner bedeuten. Irgendwann wird es ihm möglich sein, auf das

„Kleine“ oder „Große“ zu zeigen und damit den Begriff zu definieren. In dem Alter ist es für ein Kleinkind noch schwierig, Türme zu bauen. Machen Sie es ihm vor und erzählen Sie dabei, dass Sie einen Turm, ein Haus oder eine Kirche bauen oder dass Sie die Bauklötze hinlegen und aneinanderlegen, um einen Zug zu bauen. Sie können Ihrem Kind auch erklären, womit Sie anfangen oder mit welchem Baustein Sie Ihr Projekt beenden.

**Bemerkung:** Achten Sie darauf, dass Sie Ihrem Kind keine neuen Begriffe beibringen, wenn es gerade laufen gelernt hat und damit beschäftigt ist, herumzulaufen und die Welt um sich herum zu erforschen. Am besten lernt es, wenn es auf Ihrem Schoß, auf seinem Babystuhl oder in der Badewanne sitzt.

## Nach Formen sortieren

Verteilen Sie je zwei Tassen und Untertassen (oder andere Gegenstände) auf dem Tisch. Zeigen Sie Ihrem Baby, wie Sie die Gegenstände in die zwei Gruppen „Tassen“ – „Untertassen“ sortieren. Fangen Sie mit zwei gleichfarbigen Formen an, später können Sie auch drei oder vier nehmen. Diese Sortierspiele können ausgeweitet werden: Sortieren Sie Schuhe und Strümpfe, Socken und Hosen usw.

Die meisten Kinder finden das am Anfang schwierig, um den zweiten Geburtstag herum fängt es an, ihnen Spaß zu machen, einige können das erst mit zwei oder drei Jahren. Zeigen Sie es Ihrem Kind zwischendurch immer wieder, bis es von sich aus anfängt, danach zu greifen und zu sortieren.

## Nach Farben sortieren

Nehmen Sie verschiedenfarbige Bauklötze, aber mit gleicher Form. Fangen Sie mit zwei gelben und zwei roten an und zeigen Sie Ihrem Kind, wie Sie die Bausteine in Farbgruppen aufteilen. Wenn Ihr Kind das alleine kann, machen Sie mit drei Bausteinen von jeder Farbe weiter. Später können Sie auch noch eine dritte Farbe hinzunehmen (zunächst mit zwei Bauklötzen). Es ist noch nicht wichtig, dass Ihr Kind in dem Alter die Farben benennen kann, es sei denn, Ihr zweijähriges Kind ist sehr schnell bei diesen Sortierspielen und verfügt über einen guten Wortschatz.

## Spielzeug sortieren

Spielzeug wird mit Spaß verbunden, also können Kleinkinder beim Spielzeugsortieren ganz prima lernen. Breiten Sie eine Vielzahl von Spielzeug vor sich und Ihrem Kind aus, dann lassen Sie es die Gegenstände in verschiedene Gruppen sortieren:

- Nach der Form („Lass uns alle runden Spielsachen zusammenpacken!")
- Nach der Größe („Lass uns alle großen Spielsachen finden!")
- Nach Farben („Lass uns alle grünen Spielsachen zusammenpacken!")
- Nach Typ („Lass uns alle Puppen/Tiere/Spielsachen mit Rädern finden!")

Sie können Ihr Kind sogar fragen, wie seiner Meinung nach die Spielsachen sortiert werden sollen, und gespannt sein, was es vorschlägt.

### Wohin gehört dieser Gegenstand?

Mit dem Krabbeln und Laufen erweitert das Kind aktiv seinen gesamten Forschungskreis. Die eigene Neugierde treibt es an, Kartons und Kisten zu untersuchen, Stufen zu erklimmen und andere aufregende Plätze zu erkunden. Dieses Erforschen, Ausprobieren und Prüfen seiner Umgebung ist ganz wichtig für sein weiteres Lernen.

Es gibt eine ganze Reihe Steckkästen, die ein Entdecken von weiteren Formen ermöglichen. Sie eignen sich wunderbar dazu, Formen zu sortieren, aber achten Sie darauf, dass der Schwierigkeitsgrad auch den Fähigkeiten Ihres Kindes entspricht.

Stellen Sie Ihrem Kind Kisten und Kübel zur Verfügung, die es nach Belieben aus- und einräumen kann, so seinen Forschergeist anregen und seine Kenntnisse von Formen, der Relation von Größe und Gewicht, Raum und Volumen erweitern.

### Farben lernen

Mit Farbkarten kann man einem Kind leicht die Farben beibringen. Probieren Sie es aus, wenn Ihr Kind ungefähr 18 Monate alt ist, und schauen Sie, wie es damit klarkommt. Farben sollten eine nach der anderen beigebracht werden, und zwar erst, wenn das Sortieren nach Farben klappt.

Die Farbkarten können Sie ganz einfach aus farbigem Karton schneiden, ungefähr doppelt so groß wie ein Briefumschlag.

Zeigen Sie Ihrem Kind eine Farbkarte und sagen Sie: „Das ist gelb!". Bitten Sie es, auf einen Quader, Stift oder etwas im Raum zu zeigen, das die gleiche Farbe hat. Manchmal muss man das ein paar Wochen lang jeden Tag ein paar Minuten üben, um eine einzige Farbe beizubringen.

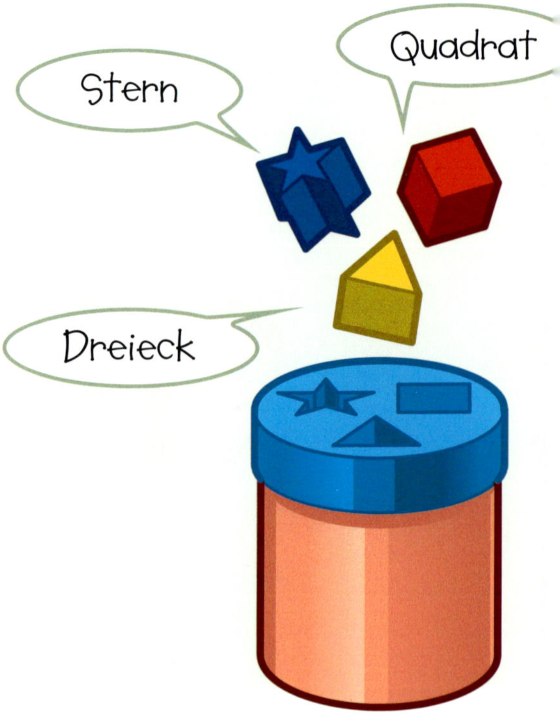

# Zählen

Jede der folgenden Beschäftigungen bietet Ihrem Kind die Möglichkeit, Erfahrungen zu wiederholen, um damit sein Wissen zu stabilisieren, Begriffe und Konzepte zu verstehen und sein Gedächtnis so zu strukturieren, dass diese Verknüpfungen im Gehirn ihm später bei den Schularbeiten eine große Hilfe sein können. Wenn Sie jetzt beim Treppensteigen die Stufen zählen, wird ihm das mit fünf und sieben Jahren bei den Zahlenreihen helfen (s. S. 96). Manche Zahlenverse und Lieder werden ihm später beim Addieren und Subtrahieren nützen.

## Wie man mit dem Zählen anfängt

- Ähnliche Gegenstände des alltäglichen Lebens zählen (z. B. Löffel, Bauklötze, Stühle, Autos auf der Straße). Beim Bauen von Türmen oder Krähenketten die Bausteine zu zählen, macht eine Aktion nicht nur spannend. Es ist für Ihr Kind auch gut, ein bestimmtes Ziel zu erreichen.
- Schritte zählen, z. B. die Treppen hinauf ins Bett oder einfach „eins, zwei, drei", wenn Sie draußen herumlaufen.
- Bilder mit ähnlichen Gegenständen zählen, die entweder gemalt oder in einem Buch abgebildet sind.
- Finger zählen.
- Zähl-, Zahlenverse und Lieder üben.

Am Anfang zählen Sie mit Ihrem Kind nur bis drei, selbst wenn Sie seine Finger zählen:

„Eins, zwei, drei; eins, zwei, drei ..."

Wenn es anfängt, sicher bis drei zu zählen, singen Sie ihm Lieder mit der Zahl drei vor:

Eins, zwei, drei – mein Baby isst gern Brei
*(dabei die Finger antippen)*
und kleckert gern dabei.
*(lachen und unter dem Kinn kitzeln)*

Dann gehen Sie mit dem Zählen weiter, verwenden die gerade beschriebenen Methoden, stellen Ihrem Kind weitere Zahlen bis fünf vor und singen ihm dann Lieder wie das folgende vor:

Eins, zwei, drei,
was ist das für'n Geschrei?
Eins, zwei, drei, vier,
wer spielt so schön Klavier?
Eins, zwei, drei, vier, fünf,
die Maus läuft ohne Strümpf'!

# Erforschen

Jedes Spielzeug, das quietscht, spricht, klingelt oder andere interessante Geräusche von sich gibt, wird Ihr Kind interessieren. Spielsachen, die sich fortbewegen und mit unterschiedlichen Formen und Farben ausgestattet sind, erweitern seine Spielerfahrungen und regen das Lernen an. Haushalt, Garten und Park bieten eine Fülle von Dingen, die es zu untersuchen gilt und wo es eine Vielzahl unterschiedlicher Oberflächen, Formen und Beschaffenheiten entdecken kann.

## Wasserspiele

Während das Kind mit Wasser spielt, lernt es so nebenbei etwas über Flüssigkeit, Raumvolumen und Auftrieb. Ob in der Badewanne, am Spülbecken, in einer Schüssel draußen im Hof oder auf der Terrasse – überall bieten sich für Ihr Kind Möglichkeiten, mit Wasser und unterschiedlich großen Plastikbechern zu experimentieren. Zeigen Sie ihm, wie man das Wasser aus verschiedenen kleinen Behältern in einen großen füllen kann. Dann lassen Sie es mit Sachen spielen, die alle auf dem Wasser schwimmen.

## Schnee und Eis

Zeigen Sie Ihrem Kind im Winter, dass Schnee, Eis und Reif zu Wasser schmelzen. Lassen Sie einen Eiswürfel in einer Tasse, schauen Sie nach einer halben Stunde mit Ihrem Kind wieder nach und fragen Sie: „Was ist denn mit dem Eis passiert?“ Zeigen Sie ihm, wie Sie aus Orangensaft Eislutscher machen. Wiederholen Sie das öfter, denn je älter Ihr Kind wird, desto besser wird es Ihre Erklärungen verstehen, denn anfangs ist es schwer nachvollziehbar, einen Eiswürfel, den man in einer Tasse lässt, mit dem Wasser in Verbindung zu bringen, das nach dem Schmelzprozess dort zu sehen ist. Was dabei passiert, kann Ihr Kind nur verstehen, wenn es die Geduld hat, den Eiswürfel beim Schmelzen zu beobachten.

**Bemerkung:** Beim Verschwinden eines Eiswürfels macht ein Kleinkind eine ähnliche Erfahrung wie beim Verstecken eines Spielzeugs: Es hat in seinem Gedächtnis noch keine Vorstellung, was mit einem Spielzeug passiert, das woanders hingelegt wird, wenn es einen Moment nicht aufpasst. Für das Kind ist es einfach „verschwunden“. Erklären Sie Ihrem Kind, was tatsächlich passiert, damit es seine Kenntnisse über „versteckte“ Sachen ändern kann. Die meisten Unzulänglichkeiten im Denken eines Kleinkindes können korrigiert werden, wenn man sich die Zeit nimmt und die Wissenslücken füllt.

## Sandtablett

Wenn Sie Sand auf ein Tablett oder in eine Kiste geben, kann Ihr Kind feste und flüssige Körper erforschen. Es lernt, dass Sand einige Eigenschaften von Flüssigkeiten (er kann gegossen werden und nimmt die Gestalt des Gefäßes an, in das er gegossen wird), hat, es aber keine haftenden Kräfte zwischen den Körnchen gibt. Es kann auch Sachen im Sand verstecken oder mit feuchtem Sand Sandburgen oder andere Figuren bauen. Zeigen Sie ihm, wie das geht, und dann lassen Sie es spielen. Bringen Sie ihm im Laufe der Zeit ein paar Worte bei, die zu seinem Spiel mit dem Sand Bezug haben: leer, voll, feucht, trocken usw.

## Knetmasse und Ton

Diese Materialien können Ihrem Kind einiges über die Eigenschaften einer festen Masse beibringen, die formbar ist und in unterschiedliche Gestalt gedrückt und gezogen werden kann. Ein zweijähriges Kind braucht hier Ihre Hilfe, ihm muss gesagt und gezeigt werden, wie es damit umgehen kann. Beschreibende Worte wie „weich", „platt" und „glatt" sind unersetzlich beim Aufbau des Wortschatzes.

## Sand und Knete

Mit den folgenden Techniken erfährt Ihr Kleinkind beim Spielen etwas über die Eigenschaften verschiedener Materialien.

**Sand**

- Geben Sie Ihrem Kind einen Trichter, ein Sieb oder einen Durchschlag und lassen Sie es ausprobieren, was passiert, wenn es dadurch Sand rieseln lässt.
- Stellen Sie ihm Tassen, Schüsseln, Eimer und andere Behälter bereit, mit denen es spielen und vergleichen kann, wie viel Sand jeweils hineinpasst.
- Füllen Sie eine kleine Tüte mit Sand, schneiden Sie die Ecken ab und lassen Sie Ihr Kind mit dem herausrieselnden Sandstrom Muster zeichnen.
- Bauen Sie Sandburgen und fragen Sie Ihr Kind, ob in der Nähe irgendetwas zu finden ist, mit dem man die Burg dekorieren kann: Blumen, Blätter, Muscheln, Lutscherstäbchen usw.

**Knete**

- Geben Sie Ihrem Kind einige Plätzchenformen und zeigen Sie ihm, wie es damit aus der flach gedrückten Knete Figuren ausstechen kann.
- Rollen Sie etwas Knete zu einer langen Wurst, dann formen Sie diese zu Spiralen, Schlangen, Umrissen eines Hauses usw.
- Zeigen Sie ihm, wie man mit Münzen, Kieselsteinen, Muscheln und Blättern Abdrücke in die Knete drücken kann.
- Helfen Sie Ihrem Kind, mit der Knete einen „Gipsverband" um seinen Finger, seine Hand oder seinen Fuß zu legen, indem Sie ein dickes Stück Knete fest um das entsprechende Körperteil drücken.

# Kreatives Spielen

Durch kreatives Spielen kann Ihr Kind seine Gedanken und Gefühle ausdrücken und gleichzeitig die Grenzen seiner Kleinkindwelt erproben. Es gibt ihm die Gelegenheit, zu fantasieren und durch Spiele und Rollenspiele seine Vorstellungskraft zu vergrößern.

## Buntstifte

Für diese Altersgruppe sind kurze, rundliche Wachsstifte und stapelweise Zeichenpapier unentbehrlich. Zunächst einmal zeigen Sie Ihrem Kind, wie man schnörkelige Linien auf dem Papier malt, und wechseln die Farbe. Dann lassen Sie es einfach so lange es will selbst mit den Stiften experimentieren.

## Malen

Fingerfarben sind für ein- bis zweijährige Kinder einfach großartig. Zeigen Sie Ihrem Kind, wie man den Finger in die fertige Fingerfarbe dippt und damit Muster auf das Papier machen kann. Ziehen Sie Ihrem Kind ein altes Erwachsenenhemd an und bedecken Sie den Tisch und den Fußboden mit Zeitungspapier oder einer Plastikplane. Lassen Sie Ihr Kind auch hier mit den Farben experimentieren, helfen Sie ihm dabei, die schweren, nassen Blätter gegen neue auszutauschen und säubern Sie, wenn es nötig wird, den Arbeitsplatz.

## Selbst klebende Papierformen

Zeigen Sie Ihrem zweijährigen Kind, wie man diese kleinen, farbigen Formen auf ein weißes oder farbiges Papier oder auf Karton kleben kann. Manche Kleinkinder können sich über lange Zeit damit beschäftigen. Wenn Ihr Kind diese Beschäftigung mag und sie ihm leicht fällt, geben Sie ihm große Bögen Millimeterpapier – es wird später, wenn es bewusst etwas über Muster, Formen und Symmetrie lernt, davon profitieren. Sollte es für Ihr Kind noch zu schwierig sein, lassen Sie es für ein paar Monate in Ruhe und versuchen es später erneut.

**Bemerkung:** Achten Sie darauf, dass der Klebstoff auf den Stickern ungiftig und für Kinder geeignet ist.

## Rollenspiele

Mit ein bis zwei Jahren regen große Puppen und Autos, in die man sie setzen kann, Bürsten, Kämme und ähnliche alltägliche Gegenstände Rollenspiele am besten an. Anfangs spielt Ihr Kind noch alleine, aber bald spielt es auch mit anderen Kindern oder älteren Geschwistern.

Mit 18 Monaten behandelte Laura ihre Puppe z. B. wie ein kleines Kind, schimpfte sie aus, manchmal in erkennbaren Worten und manchmal in ihrer eigenen Sprache. Ihre Gefühle dabei waren unmissverständlich:

„Böse“, sagte sie und „Setz Dich!“ Danach zog sie die Puppe fein an, wobei sie ganz unbekannte Worte benutzte. Sie bürstete das Haar ihres „Babys“ und schwatzte mit ihm in einem erwachsenen Tonfall. Dass sie die Worte nicht kannte, war für Laura kein Hindernis.

Kleineres Spielzeug wie Tankstellen und Häuser werden in dieser Altersstufe mehr als Kisten gesehen, in die man etwas hineinstecken kann, aber mehr und mehr werden diese Sachen auch zum Rollenspiel benutzt. Am besten fängt man mit Rollenspielen an, wenn ein Kind 18 Monate, 2 Jahre und älter ist.

## Darstellen, singen und tanzen

Um den zweiten Geburtstag herum lieben es Kinder, sich zu verkleiden und fein zu machen. Mit drei Jahren rennen sie im Kindergarten meistens zuerst in die Verkleidungsecke. Es bereitet ihnen ein Riesenvergnügen, Schuhe oder Stiefel der Eltern anzuziehen, Hüte der Erwachsenen aufzusetzen und so zu tun, als ob sie groß wären.

Eine gute Verkleidungskiste kann das Rollenspiel beträchtlich anregen: Strohhüte, Jacketts, alte Kleider und Hemden, Handtaschen, Modeschmuck und mehrere Erwachsenenschuhe sind genau richtig dafür.

Geben Sie Ihrem Kind einen CD-Spieler oder Kassettenrecorder, damit es zu Kinderliedern auch tanzen kann. Die meisten Kinder bewegen sich von sich aus, wenn sie Musik hören: Man wird es vielleicht noch nicht tanzen nennen wollen, aber sie wiegen ihren Körper und bewegen sich im Takt der Musik.

Auf Musikinstrumenten zu spielen, geschieht vor dem zweiten Lebensjahr eher planlos, aber wenn Sie Ihrem Kind Töpfe, Pfannen, Holzlöffel, ein Spielzeugxylophon oder eine Plastiktrompete zur Verfügung stellen, wird es vermutlich auch mit Begeisterung darauf herumhämmern.

### Spiellieder

Sie können die Sprachentwicklung Ihres Kindes sehr gut mit Liedern unterstützen. Singen Sie ihm verschiedene Lieder ganz unterschiedlich vor und lassen Sie es dabei Ihren Mund beobachten: Bald wird es Ihre Mundbewegungen nachahmen. Singen Sie z. B. ein paar Zeilen des Liedes „Ein Männlein steht im Walde“ mal mit einer quietschenden Stimme, mal mit einer grantigen Stimme, dann wieder flüsternd usw. vor.

- Ein Männlein steht im Walde<br>ganz still und stumm,<br>es hat aus lauter Purpur ein Mäntlein um.<br>Sag, wer mag das Männlein sein,<br>das da steht im Wald allein<br>mit dem purpurroten Mäntelein!
- ABC, die Katze lief im Schnee.<br>Und als sie wieder rauskam,<br>hat sie weiße Stiefel an!<br>ABC, die Katze lief im Schnee.
- Suse, liebe Suse,<br>was raschelt im Stroh?<br>Das sind die lieben Gänse,<br>sie haben kein' Schuh.<br>Der Schuster hats Leder,<br>kein' Leisten dazu.<br>Drum geh'n die Gänse barfuß<br>Und haben kein' Schuh.
- Hänschen klein ging allein,<br>in die weite Welt hinein,<br>Stock und Hut stehn ihm gut,<br>er hat frohen Mut.<br>Doch die Mama weint gar sehr,<br>hat ja gar kein Hänschen mehr,<br>da besinnt sich das Kind,<br>läuft nach Haus geschwind.

*(Klatschen Sie die Hände Ihres Kindes nach jeder Liedzeile zusammen, um das Ende der Zeile zu betonen und sein Gefühl für Rhythmus zu fördern.)*

# Spielen entwickeln

Spiele können Ihrem Kind helfen, Probleme zu verstehen und sie zu lösen. Spielzeuge, die seine grob- und feinmotorischen Fähigkeiten entwickeln und solche, die das intellektuelle Wachstum anregen, sind besonders wichtig für Kinder zwischen dem ersten und zweiten Lebensjahr.

## Lösen von Problemen

- Schaffen Sie Ihrem Kind Szenarien, in denen irgendetwas falsch ist. Es wird auch Gegenstände, mit denen etwas nicht stimmt, faszinierend finden, weil es dadurch angeregt wird, genau zu erforschen, warum und was da nicht stimmt. Wenn es z. B. schon weiß, wie man sich richtig ankleidet, macht es ihm großen Spaß, wenn Sie beim Anziehen beispielsweise einen Schuh auf seinen (oder Ihren) Kopf setzen, Handschuhe an die Füße, Socken über seine Hände ziehen usw. Es fängt an zu kichern und findet es herrlich albern, wenn Sie versuchen, Milch mit der Gabel zu essen oder Ihre Haare mit der falschen Seite der Bürste zu bürsten.
- Wenn Ihr Kind schon einen recht guten Wortschatz hat und weiß, wie kurze Sätze gebildet werden, können Sie auch schon probieren, ihm Bildkarten mit Gegenständen zu zeigen, bei denen ein Teil fehlt. Fragen Sie Ihr Kind, ob es Ihnen sagen kann, was auf dem Bild falsch ist.
- Versuchen Sie auch schon, drei oder vier Spielsachen gegen eine Wand zu lehnen und sie mit dem Kind noch einmal genau anzuschauen. Bitten Sie es dann, seine Augen zu schließen, während Sie eines davon verstecken. Fragen Sie dann Ihr Kind: „Welches Spielzeug ist fort?“ Das ist für die meisten zweijährigen Kinder schwierig, sie werden sich eher auf den Weg machen und nach dem Spielzeug suchen. Mit Übung (nach ein paar Monaten) werden sie mehr und mehr dazu fähig werden, sich zu erinnern.

### Tiere verstecken

Verstecken Sie ein Spielzeugtier und fordern Sie dann Ihr Kind mit einem Vers auf, es zu suchen, z. B.:

- Wo ist der Koalabär?
  Ich such' ihn seit Stunden!
  Sicher hast du – eins, zwei, drei –
  ihn ganz schnell gefunden!

Dann gehen Sie beide los und finden das Spielzeugtier, ziehen es aus seinem Versteck und sagen: „Schau mal, hier ist der Koalabär!“. Beim nächsten Mal nehmen Sie ein anderes Tier, sagen aber immer den gleichen Reim (natürlich mit dem richtigen Tiernamen). Dann fordern Sie Ihr Kind auf, selbst ein Spielzeugtier zu verstecken. Sagen Sie mit ihm den Vers auf und lassen Sie es dann das Tier finden.

# Spielzeug und Beschäftigungen

## Spielzeug

- Beschäftigungsdecken in leuchtend bunten Farben
- Mobiles für Kinderbettchen und Kinderwagen
- Multifunktions-Spielstationen
- weiche Alphabet-Klötze
- stabile Buchstaben für Badewanne oder Fußboden
- Spielzeugxylophone, Trompeten oder ähnliche Instrumente für Anfänger
- Bälle in leuchtenden Farben und Mustern
- Ringe, die über einen Stab zu stecken sind
- Spielzeugtelefone
- Formensortierer
- ineinander stapelbare Plastikbecher

## Fingerspiele und Lieder

- Backe, backe, Kuchen
- Hoppe, hoppe, Reiter
- Es tanzt ein Bi-Ba-Butzemann
- Spannenlanger Hansel, nudeldicke Dirn
- Suse, liebe Suse, was raschelt im Stroh
- Schlaf, Kindchen, schlaf
- Weißt Du, wie viel Sternlein stehen

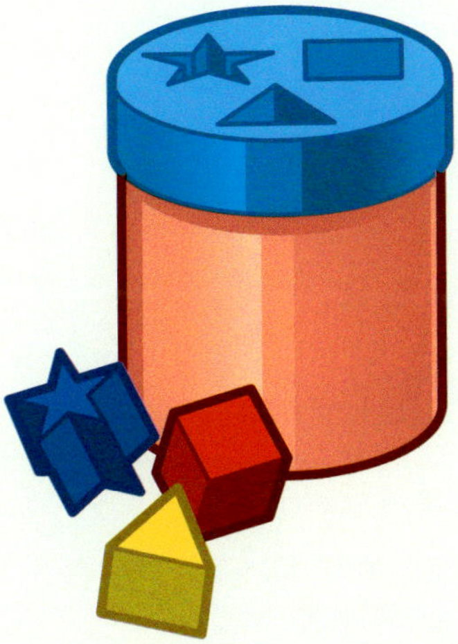

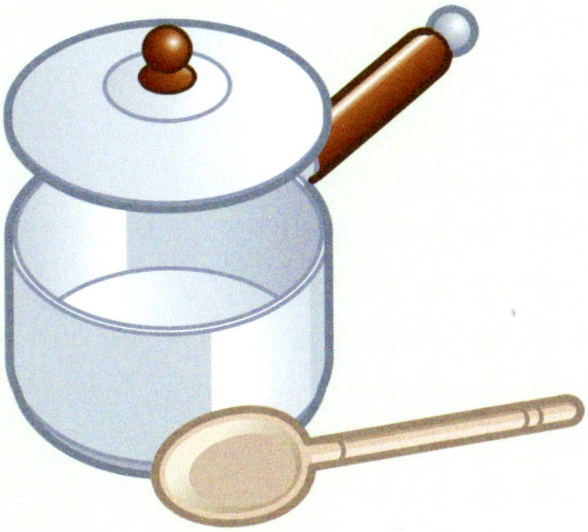

## Haushaltsgegenstände

- Töpfe, Pfannen, Holzlöffel u. Ä. zum „Musik" machen
- Plastiktassen, Becher, Kannen für die Badewanne
- Kartons und andere Gegenstände zum Hineinpacken und Herausholen (Plastiktassen, Teller, Löffel usw.)
- jeder interessante Gegenstand, mit dem man zählen kann

## Bücher

Das können Bücher aus Textilien oder Plastik sein, die mit in die Badewanne genommen werden können (in der Badewanne ist die Aufmerksamkeit Ihres Kindes relativ groß), ABC-Bücher, Kinderreime, Bücher mit großen, einfachen Bildern von Tieren, Transportgeräten, Menschen oder Haushaltsgegenständen. Lesen Sie Ihrem Kind die Wörter vor und reden Sie mit ihm über die Bilder, sagen Sie z. B.: „Schau mal, da ist ein Teller!" oder „Das ist eine Katze!"

# 4

# Die „schwierigen Zweijährigen" 2–3 Jahre

# Sprechen

Ein Kind in dieser Altersphase kennt keinen Mangel am Schwatzen und seine Wissbegier ist grenzenlos. Überlegen Sie sich Ihre Antworten auf die Fragen Ihres Kindes gut: Am besten beschreiben Sie mit einem Wort die Erfahrung Ihres Kindes. Das Benennen von Gegenständen bleibt weiterhin wichtig, jetzt können Sie Ihrem Kind auch schon Gefühle oder Verhalten erklären und mit einfachen Worten beschreiben, wie etwas funktioniert und warum bestimmte Sachen gefährlich sind. Zeigen Sie Ihrem Kind so viel wie möglich praktisch oder erklären Sie es mithilfe von Bildern, Handlungen, echten Objekten, CDs und Videos.

## Wie Lernen beschleunigt wird

- Fahren Sie fort, Alltagsgegenstände zu benennen, besonders, wenn Sie danach gefragt werden, und wiederholen Sie die Bezeichnungen, so oft es geht.
- Bauen Sie immer mehr Beschreibungen wie weich, hart, warm, kalt, traurig, glücklich, geschlossen, offen, gefährlich, arm, reich, dunkel, hell, gekocht oder gefroren ein.
- Erklären Sie neue Worte, wenn es geht, mit Fotos, Bildern oder echten Gegenständen.
- Erklären Sie etwas so einfach und so kurz wie möglich und verwenden Sie dabei Wörter, die Ihr Kind kennt.
- Geben Sie auf die Fragen Ihres Kindes nicht nur konkrete Antworten, sondern regen Sie auch Gespräche an. Sie könnten z. B. sagen: „Das ist aber ein großer Baum, nicht wahr?" Wenn es dann fragt: „Warum ist der so groß?", könnten Sie antworten: „Der wächst schon ganz, ganz lang! Er ist schon ganz alt!" usw., um das Kind in die Unterhaltung miteinzubeziehen.

### Die Kraft des Lernens

**Ein Kind dahin zu führen, dass es seine Sinne (Sehen, Hören, Fühlen, Schmecken und Riechen) benutzt, um geistige Bilder zu kreieren, stärkt seine Fähigkeit, neue Erfahrungen an die vorher gemachten anzupassen und so Verbindungen zwischen Dingen herzustellen.**

- Bringen Sie Ihr Kind dazu, nicht nur oberflächlich zu denken und auch auf Kleinigkeiten zu achten. Schauen Sie mit Ihrem Kind Bücher mit Bildern von Tieren, Booten, Zügen, Autos, Menschen mit verschiedenen Berufen, Bergen, Wasserfällen, Flüssen, Stränden, Bauernhöfen, vom Zoo oder was auch immer an, die Gespräche anregen und seinen Wissenshorizont erweitern.
- Korrigieren Sie ab und zu, wenn Ihr Kind falsche Wörter oder Zeitformen verwendet, sonst wird es sie über Monate und Jahre hinweg nicht richtig anwenden. Benutzen Sie kurze, ganze Sätze mit Wörtern, die es auch versteht.
- Wenn Ihr Kind Ihnen von einem besonderen Ereignis erzählt, können Sie seine Satzbildung fördern, indem Sie es bitten, die wichtigsten Informationen über diesen Ort, über Menschen oder Vorgänge zu beschreiben. So wird es sich mehr und mehr an Details erinnern. Es wird Ihrem Kind nicht gelingen, sich an alles zu erinnern, aber dieser Gedankenanstoß allein ist schon nützlich.

## Sprachentwicklung

Zwischen dem zweiten und dritten Lebensjahr sollte Ihr Kind einige oder sogar alle der folgenden Sprachfähigkeiten besitzen:

- Es kann die wichtigsten Körperteile benennen.
- Es versucht unterschiedliche Wortkombinationen, obwohl einige nicht stimmen oder falsch ausgesprochen werden.
- Es stellt viele Fragen (zunehmend nach der Bedeutung unbekannter Wörter) und will von Ihnen Antworten hören.
- Sein Wortschatz wächst und es spricht kurze Sätze.
- Es kennt die Bezeichnung vieler Alltagsgegenstände.
- Es erkennt seinen eigenen Namen, kann ihn und sein Alter sagen und weiß auch, wie ihm vertraute Menschen heißen.
- Es liebt Gute-Nacht-Geschichten (manchmal müssen dieselben wieder und wieder vorgelesen werden).
- Es kann immer sicherer Pronomen wie „ich", „meins" und „er" gebrauchen und auch Präpositionen wie „in" und „auf".
- Es ist fähig, Ihnen klare Anweisungen zu geben.
- Es interessiert sich sehr für die Gespräche anderer Menschen und unterhält sich mit anderen Kindern und Erwachsenen, die ihm vertraut sind.
- Es ist fähig, mit sprachlichen Mitteln Spiele zu erweitern.
- Es kann von einem Thema zum anderen springen, ohne durcheinanderzugeraten oder abgelenkt zu sein.

## Spiele, die Gespräche anregen

- Jetzt können Sie anfangen, „Ich sehe was, was du nicht siehst" zu spielen. Wählen Sie allerdings nur Objekte, die Ihr Kind kennt, und beschreiben Sie dessen Farbe, Form und Ort: „Es hängt an der Wand, ist rot und macht ‚ticktack'!"
- Bitten Sie Ihr Kind, die Augen zu schließen, und machen Sie dann mit einem Gegenstand, z. B. Trillerpfeife, Schlüssel, Wecker, Glöckchen, ein Geräusch. Ihr Kind soll dann herausfinden, woher das Geräusch kam, und es vielleicht auch benennen, obwohl das für viele Kinder noch schwierig ist. Sie können auch Tierstimmen nachahmen und dann nach dem Tier fragen.
- Als Variante dieses Spiels nehmen Sie Dinge, die duften, z. B. Apfel, Orange, Schokolade oder das Lieblingsgetränk des Kindes. Es hat die Augen geschlossen, riecht an dem Objekt und sagt, was das ist.
- Bei einer weiteren Variante halten Sie ihm Dinge hin, die es erfühlen soll: Blatt, Uhr, Löffel, Becher usw.

Mit diesen Spielen schaffen Sie im Gedächtnis Ihres Kindes immer mehr geistige Bilder, und weil dabei alle Sinne angesprochen werden, prägen sie sich besonders gut ein. Dadurch wird Ihr Kind immer besser in der Lage sein, mit neuen Eindrücken Fast-Übereinstimmungen zu erzielen und so ganz leicht lernen.

Mit Spielen kann man auch ganz einfach Präpositionen beibringen: Sagen Sie Ihrem Kind, dass es sich **neben** die Tür stellen, **unter** den Tisch setzen, **auf** einen Stuhl stellen, **über** ein Buch springen, Spielzeug **in** die Kiste legen soll usw. Wenn Ihr Kind beschreibt, was es gerade macht, und dabei die gleichen Präpositionen verwendet, werden sie besser im Gedächtnis bleiben.

## Körpersprache

Neben der verbalen Sprache entwickelt sich jetzt auch immer mehr die Körpersprache. Sie werden an der Art, wie Ihr Kind dasteht, seine Hände bewegt und den Gesichtsausdruck verändert, noch besser als bisher verstehen, was Ihr Kind gerade denkt und fühlt.

- Hält es den Augenkontakt, hört es Ihnen aufmerksam zu und stimmt weitgehend zu.
- Wirft es den Kopf zurück und hält dabei die Hände auf den Hüften, ist es in der Regel nicht einverstanden, wütend oder will etwas unbedingt und sofort.
- Kratzt es sich hinten am Kopf oder Nacken, während es mit Ihnen spricht, kann ihm in dem Moment etwas Angst machen oder peinlich sein.

# Vorlesen

Um den dritten Geburtstag herum beginnen Reime, Verse und kurze Geschichten, Ihr Kind zu faszinieren. Am Anfang werden ihm die Wörter allein nicht viel sagen. Deshalb braucht es noch viele Bilder, welche die Texte veranschaulichen.

## Bücher

Bilderbücher mit großen, bunten Abbildungen, über die man viel erzählen kann, sind für dieses Alter besonders wichtig. Manche Bücher haben auch einen kurzen Text, der das Bild beschreibt oder die fortlaufende Geschichte erzählt, und der sollte die Fantasie Ihres Kindes anregen. Märchen wie z. B. Rotkäppchen, Schneewittchen oder Die drei kleinen Schweinchen sind so, aber auch viele Kinderreime und Kinderlieder. Alles, was Ihr Kind interessieren könnte, sollte ihm jetzt vorgelesen werden, denn ein Kind, das in diesem Alter gerne vorgelesen bekommt, wird später ein begeisterter Leser, der immer mehr wissen will, und voraussichtlich auch in der Schule erfolgreich sein.

Kinderreime oder Märchen, die als Comic oder Film angeschaut werden, vertiefen noch das Interesse und die Freude an Büchern. Ihr Kind interessiert sich jetzt auch schon für etwas spannendere Geschichten. Beim Vorlesen können Sie die Wörter mit Ihrem Finger verfolgen, damit es eine Ahnung des Lesevorgangs bekommt. Nach dem Lesen fragen Sie, ob es die Geschichte mochte und warum (oder warum nicht) und wen es darin am besten fand.

Denken Sie daran, Ihrem Kind schwierige Wörter zu erklären, aber oft fragt es auch selbst nach unbekannten Wörtern im Text. Manchmal fällt es uns schwer, Wörter, die für uns selbstverständlich sind, zu erklären. Bleiben Sie geduldig und versuchen Sie, einfache Erklärungen zu finden, mit denen Ihr Kind etwas anfangen kann.

## Reime, Lieder und Gedichte

Lesen Sie Ihrem Kind alles, was sich reimt, vor, besonders wenn es kurz und knapp ist, und sprechen Sie dabei mit viel Gefühl oder sogar mit viel Gestik, weil sich dann das Vorgelesene viel besser im Gedächtnis verankert. Spielen Sie mit Ihrer Sprache: Der Riese kann mit einer tiefen Sprache sprechen, die Hexe krächzen usw.

Am Ende des Kapitels sind einige beliebte Lieder und Reime aufgeführt.

## Schriftzüge

Ihr Kind ist von Worten umgeben. Es sieht sie überall im Haus (auf Lebensmittelpackungen, Etiketten, Kisten und anderen Behältern) und in seiner Umgebung (Hinweisschilder, Namen der Geschäfte, Angebote im Supermarkt usw.) und erkennt, dass Lesen nicht nur in Büchern möglich ist. Sie können deshalb auch Gegenstände im Haus mit Aufklebern versehen, sodass Ihr Kind zwischen dem Gegenstand und dem geschriebenen Wort eine Assoziation aufbauen kann.

Machen Sie ein Spiel daraus und fragen Sie Ihr Kind, ob es auf der Straße bestimmte Straßennamen oder im Supermarkt bestimmte Aufkleber oder Etiketten erkennen kann.

# Leseanfänge

Manchen Kindern wird schon sehr früh das Lesen beigebracht: Es gibt tatsächlich einen Jungen, der schon mit zehn Monaten lesen konnte, einige Kinder, die es mit zwei Jahren und recht viele, die es mit drei Jahren konnten. Lesen lernen ist auch davon abhängig, in welchem Land Ihr Kind aufwächst: In vielen englischsprachigen Ländern beginnt man damit in der Regel mit dem vierten oder fünften Lebensjahr, in Deutschland normalerweise beim Schuleintritt, also mit sechs Jahren. Kinder, die sehr schnell lernen und auch schon früh lesen können, erhalten sich in der Regel ihr ganzes Leben lang diese Freude am Lesen.

## Die Verwendung von Bildkarten

Es lohnt sich deshalb, mit kleinen Vorübungen schon jetzt zu beginnen: Zeichnen Sie auf eine Karte einen bekannten Gegenstand (oder aus Zeitschrift ausschneiden und aufkleben) und schreiben Sie groß und in Druckschrift die Bezeichnung darunter. Spielen Sie dann mit Ihrem Kind „Schule“: Zeigen Sie auf das Bild und auf das Wort und sprechen Sie beides deutlich vor. Machen Sie keine große Sache daraus, sondern fragen Sie einfach: „Was ist das?“, oft bekommen Sie sofort eine Antwort. Natürlich liest Ihr Kind nicht, sondern nennt den Namen des abgebildeten Gegenstandes, aber nach und nach wird nicht nur Ihr Finger, sondern auch seiner über beides gehen und sich damit die Assoziation zwischen Bild und Wort im Gehirn festigen. Decken Sie nach einiger Zeit das Bild zu und testen Sie, ob Ihr Kind auch dann schon das Wort erkennt. Wenn es dazu noch nicht in der Lage ist, wird es sehr schnell Ihre Hand hochheben, um das Bild darunter zu erkennen. Bitte meistern Sie diese Situation mit viel diplomatischem Geschick, damit es nicht das Gefühl bekommt zu versagen, wenn es das Wort noch nicht erkennt. Loben Sie Ihr Kind, wenn es das schafft, weil das anspornt.

Es gibt viele Bilderbücher, die nach dieser gut funktionierenden Lernmethode gestaltet sind: Auf jeder Seite befindet sich nur eine große Abbildung und das entsprechende Wort. Wenn ein Kind ganz in Ruhe einzelne Bilder und Worte anschaut, kann es dabei in seinem Gehirn sehr gut nach übereinstimmenden Bildern forschen und leicht lernen, und durch die großen Buchstaben wird dieser Prozess noch unterstützt.

# Zahlenkenntnisse

Gegenstände können bei jeder Gelegenheit gezählt werden. Wenn Ihr Kind die ersten Zahlen sicher kann, lernt es jetzt bis fünf, später bis zehn zu zählen.

## Gegenstände zählen

Knöpfe, Münzen, Finger, Stifte, Kekse, Löffel, Murmeln und Teddybären sind nur Beispiele – alles im Umkreis Ihres Kindes kann zum Üben der Zahlen verwendet werden. Sie können mit ihm auch die Stufen einer Leiter, der Treppen im Flur und im Eingang zählen. Heften Sie Zahlen an häufig benutzte Treppenstufen, um die einzelnen Ziffern im Gedächtnis zu verankern. Es gibt auf so vielen Fotos, Bildern und Plakaten Sachen zu entdecken, die darauf warten, gezählt zu werden: Autos, Menschen, Bäume, Hunde, Katzen, Punkte, Kreuze, Kreise.

## Rechenschieber

Am Anfang ist ein Rechenschieber mit fünf Reihen mit je fünf dicken Perlen das Beste für Ihr Kind. Es lernt dabei nebenbei auch noch nach Farben zu sortieren. Wenn es ganz sicher bis zehn zählen kann, kaufen Sie ihm einen 10 x 10-Rechenschieber, mit dem es jetzt und zukünftig rechnen kann.

## Zählreime

Diese Zählreime können mit zunehmender Zahlenkenntnis immer weiter ausgebaut und aufgestockt werden.

Eins und zwei – steh mir bei,
*(1 bzw. 2 Finger zeigen und Kind heranlocken)*
drei und vier – komm zu mir, *(3 bzw. 4 Finger zeigen und auf Stuhlfläche klopfen)*
fünf und sechs – nimm zwei Keks',
*(5 bzw. 6 Finger zeigen und Keks aufnehmen)*
sieben, acht – bau ein Dach,
*(7 bzw. 8 Finger zeigen und Dach darstellen)*
neun und zehn – das wird schön. *(9 bzw. 10 Finger zeigen und in die Hände klatschen)*

Ein dicker Teddy saß auf einem Stuhl.
Kam ein zweiter Bär hinzu,
waren es schon zwei im Nu.

Zwei dicke Teddys saßen auf einem Stuhl.
Kam ein dritter Bär hinzu,
waren es schon drei im Nu.

Drei dicke Teddys saßen auf einem Stuhl.
Kam ein vierter Bär hinzu,
waren es schon vier im Nu.

Vier dicke Teddys sitzen auf einem Stuhl.
Kommt ein fünfter Bär dazu,
kracht der Stuhl dann ein im Nu.

*(Der Zeigefinger bildet einen Stuhl, auf den sich ein „Fingerteddy" setzt, bei fünf kracht der Zeigefinger zusammen. Jeder neue Bär wird mit der entsprechenden Fingeranzahl angezeigt.)*

# Formen

Ihr Kind spielt ja schon mit Bauklötzen in den unterschiedlichsten Formen. Jetzt kann es damit immer sicherer und auch zunehmend höhere Türme bauen und es wird Zeit, ihm noch weitere Formen vorzustellen.

## Formen kennenlernen

Bis jetzt hat Ihr Kind ein allgemeines Wissen von Formen, zwischen dem zweiten und dritten Lebensjahr können Bezeichnungen wie z. B. „viereckig" mit einem Bild davon (Quadrat, Rechteck, Würfel, Fenster) im Gedächtnis abgespeichert werden. Wichtige Lernworte sind jetzt viereckig, dreieckig oder rund. Lassen Sie Ihr Kind viereckige (dreieckige, runde) Formen in seiner Umgebung entdecken und geben Sie ihm nach und nach die richtigen Bezeichnungen, z. B.:

## Einkäufe einsortieren

**Beim Einräumen der Einkäufe lernt Ihr Kind nebenbei etwas über verschiedene Formen: runde Konservendosen kommen zusammen ins Regal, viereckige Müslischachteln in den Schrank, dreieckige Käseschachteln in den Kühlschrank. So können Sie ganz subtil seine Formenkenntnisse erweitern.**

- viereckig:
  Quadrat, Rechteck, Würfel, Kubus, Kasten, Fenster, Bus, Tür, Fernseher
- dreieckig:
  dreieckiges Prisma, Pyramide, Kegel
- rund:
  Kreis, Kugel, Ball, Mond, Sonne, Rad

Diese Begriffe können dann nach und nach ergänzt werden.

Bauen Sie zwischendurch auch Begriffe mit ein, die zu der entsprechenden Form passen:

über, unter
groß, klein
breit, schmal
scharf, rund
Ecke, Oberfläche

# Suchen und Finden

Auf diesen Seiten erfahren Sie, wie Sie ganz alltägliche Tätigkeiten in aufregende Spiele verwandeln und die Entwicklung Ihres Kindes spielerisch fördern. Für das Lernen sind sie von unschätzbarem Wert und für Ihr Kind sind sie spannend, weil es lernt, Probleme zu lösen.

## Sortierspiele

- Bitten Sie Ihr Kind, durch einen Stapel Socken zu wühlen und passende Paare zu finden.
- Zeigen Sie ihm, wie Sie nach dem Waschen die einzelnen Wäschestücke in verschiedene Gruppen sortieren, z. B. Handtücher, Hemden und Unterwäsche.
- Zeigen Sie ihm Karten aus einem Spiel oder Ihre Wortkarten und lassen Sie es den passenden Gegenstand finden.
- Das Gleiche geht auch mit Plastikgeschirr: Fangen Sie mit Desserttellern und Untertassen an und sobald Sie merken, dass es die Aufgabe meistert, kommen die Tassen hinzu.
- Lassen Sie Ihr Kind sein Spielzeug aufräumen und dabei nach Arten sortieren: „Die Puppen kommen hierhin, die Autos dorthin, die Bälle in die Kiste…!“ Helfen Sie ihm nur, wenn es nötig ist.
- Paare zu bilden ist anfangs noch ein wenig schwierig, aber auch das lernen Kinder schnell. Lassen Sie Ihr Kind am Anfang einen Teller und einen Suppenteller oder eine Tasse und eine Untertasse usw. zusammenstellen. Machen Sie es ihm vor, das begreift es in dieser Altersphase schneller als Erklärungen mit Worten. Wenn es das Paarebilden gut beherrscht, können Sie Ihr Kind bitten, ein ganzes Gedeck auf dem Tisch zu decken.

## Passende Farben finden

Farbkarten können Sie ganz einfach herstellen, indem Sie farbige Folie auf alte Spielkarten kleben, am Anfang reichen blau, grün, rot, gelb, orange, purpurfarben, weiß und schwarz. Es wird immer nur mit einer Farbe gespielt, z. B. mit Gelb: Suchen Sie mit dem Kind Sachen im Raum, die auch gelb sind, und berühren Sie diese. Dann sagen Sie: „Ich sehe was, was du nicht siehst, und das ist gelb!“ Das Kind schaut sich im Raum um, rät und findet das Gesuchte. Schlagen Sie ihm auch vor, ein Bild nur in einer bestimmten Farbe zu zeichnen oder zu malen.

# Experimentieren

Kinder zwischen zwei und drei Jahren finden es ganz toll, wenn sie herausfinden, wie etwas funktioniert, und Sie können jetzt schon durch kleine Experimente ihre wissenschaftliche Neugierde wecken, von der sie später in der Schule profitieren. Auf einer ganz einfachen Ebene fangen sie so an, strategisch zu denken, erwerben ein gutes Urteilsvermögen und lernen, Probleme zu lösen.

## Schwimmen und Sinken

Hier kann Ihr Kind selbst herausfinden, welche Gegenstände auf der Wasseroberfläche schwimmen und welche sinken. Geben Sie ihm ganz unterschiedliche Gegenstände: Plastikbecher, Münzen, Metallspielzeug, Knete, Plastikverschlüsse, Puppen, Murmeln o. Ä. Lassen Sie es erst selbst experimentieren, dann können Sie ihm zeigen, dass leere Plastikbecher auf der Wasseroberfläche schwimmen, wenn man sie aber mit Wasser füllt, sinken, oder dass Knete als Klumpen sinkt, aber wenn man sie ganz dünn ausrollt und zu einem Boot formt, schwimmt.

## Schwerer und leichter

- Kaufen Sie eine Balkenwaage. (s. Abb. unten)
- Zeigen Sie Ihrem Kind, wie man herausfindet, welches Spielzeug schwerer ist. Sagen Sie ihm dabei: „Dieses Spielzeug ist schwerer als das da!" Die Waagschale, die sich senkt, wird vom Kind dann als schwerer assoziiert. So wird es das Prinzip leicht verstehen und durch das deutlich gezeigte Beispiel wird im Gehirn Ihres Kindes ein weiteres Wissen angelegt, mit dem es später gut nach Übereinstimmungen suchen kann.
- Helfen Sie Ihrem Kind dann, die Spielzeuge in der richtigen Reihefolge, von leicht zu schwer, zu ordnen.

## Luft

Zeigen Sie Ihrem Kind, dass Luft Druck hat, indem Sie durch einen Strohhalm Luft in ein Glas mit Wasser pusten und so Bläschen produzieren. Lassen Sie es auf eine Schüssel mit Wasser oder in der Badewanne auf das Wasser pusten und so kleine Wellen produzieren. Es kann Luft spüren, wenn Sie es anpusten und seine Haare aufwirbeln. Stellen Sie eine Verbindung her, wie der Wind durch die Bäume rauscht und die Blätter in Bewegung bringt und wie Sie durch Pusten seine Haare durcheinanderbringen.

## Mit allen Sinnen

Machen Sie auch weiterhin Spiele mit geschlossenen Augen, bei denen die Sinne Hören, Riechen, Fühlen und Schmecken angeregt werden (s. S. 50). Fragen Sie Ihr Kind, was es über den jeweiligen Sinn erkennt, so erweitert es sein Vokabular und seine Fähigkeiten, etwas zu beschreiben. Helfen Sie ihm, indem Sie schon in den Fragen Wörter verwenden wie:

riechen, schmecken, fühlen, hören,
drücken, ziehen, halten, aufnehmen,
scharf, spitz, weich, hart,
laut, leise,
süß, schrecklich, schön.

### Früchte und Gemüsearten untersuchen

Zeigen Sie Ihrem Kind Kartoffeln, Möhren, Kohl, Sprossen, Zwiebeln, Äpfel, Orangen, Bananen, Birnen, Pfirsiche und andere Früchte und Gemüsesorten. Lassen Sie es von jedem etwas kosten und dann sagen, was ihm davon am besten schmeckt. Schneiden Sie auch einen Apfel durch, um ihm die Apfelkerne zu zeigen, dann eine Pflaume oder einen Pfirsich, damit es die Kerne sehen kann.

### In den Spiegel schauen

Zeigen Sie Ihrem Kind seine Augen, Nase und Ohren im Spiegel. Ob es erkennen kann, welche Farbe seine Augen haben?

### Körperteile

Bringen Sie Ihrem Kind die Bezeichnungen von einigen Körperteilen bei und was man mit ihnen macht:

Augen – sehen
Ohren – hören
Mund – essen, sprechen
Nase – riechen, atmen
Haare – den Kopf beschützen
Hände – fühlen, anpacken, halten
Füße – stehen, laufen

# Kreative Beschäftigungen

Ein zwei- bis dreijähriges Kind wird zunehmend kreativer und fantasievoller. Es beginnt, mit einem Pinsel zu malen und dünnere Stifte zu benutzen. Statt der anfänglichen Kritzeleien malt es mehr und mehr Formen und Gestalten. Es spielt ganz oft „so tun als ob", also sind Verkleidungskisten mit alten Hüten, Kleidern, Schuhen usw. jetzt genau richtig.

## Zeichnen und malen

Sie können die zeichnerischen Fähigkeiten Ihres Kindes mit Buntstiften und dünneren Wachsstiften fördern. Zeigen Sie ihm, wie es einen Stift halten kann (die Feinmotorik ist mit ca. 2 ½ Jahren so weit entwickelt) und wie es damit waagrechte, senkrechte und gebogene Linien und Bögen zeichnen kann. Kann es schon einen Kreis, den Sie ihm vorzeichnen, nachzeichnen (denn die Fähigkeit, etwas zu kopieren, fängt mit ca. 2 ½ Jahren an)?

Zeigen Sie ihm, wie es mit einem dicken Pinsel umgehen und auch wie es mit einer Kartoffel drucken kann. Schneiden Sie eine Kartoffel durch und schnitzen Sie in die eine Oberfläche ein einfaches Muster, dippen Sie diese dann in eine Untertasse mit Farbe und drücken Sie den Stempelabdruck auf ein Papier. Wenn Ihr Kind das kann, können Sie auch noch Muster in die Oberfläche ritzen und dann drucken.

## Schneiden

Mit drei Jahren wird Ihr Kind voraussichtlich in der Lage sein, mit einer Kinderschere Papier zu schneiden. Es reicht, wenn es am Anfang Papier durchschneidet, erwarten Sie von ihm nicht, dass es schon Kreise ausschneiden kann.

## Schauspiel, Musik und Tanz

Nach dem Vorlesen können Sie mit Ihrem Kind einen Teil oder gar die ganze Geschichte nachspielen, es übernimmt dann eine Rolle, Sie eine andere. Tanzen Sie auch mit ihm zu Kinderliedern oder Popmusik. Die meisten Kinder singen Lieder auch gerne laut mit.

### Schnur- und Papierkunst

Probieren Sie mit Ihrem Kind auch folgende Techniken aus:

- Dippen Sie ein Stück Schnur in Farbe und lassen Sie Ihr Kind die Schnur über ein Papier ziehen – das hinterlässt dann ein Muster wie eine Schlangenspur.
- Falten Sie ein Blatt Papier wie ein Heft zur Hälfte, öffnen Sie es wieder und lassen Sie Ihr Kind auf eine Hälfte ein paar Tropfen Farbe klecksen (oder etwas malen). Das Blatt wird erneut zusammengefaltet und flach gedrückt, damit sich die Farbe im Inneren gut verteilt. Ihr Kind öffnet das Blatt und schaut sich an, was es kreiert hat.
- Falten Sie ein weiteres Blatt zur Hälfte, dann lassen Sie Ihr Kind an der Knickfalte ein paar Einschnitte in Form eines „V" machen, öffnen das Blatt wieder und bewundern mit Ihrem Kind die Muster, die entstanden sind.

# Spielzeug und Beschäftigungen

## Spielzeug

Ungefähr mit zwei Jahren hat Ihr Kind immer mehr Spaß an kleinen Spielfiguren, mit denen es Szenen auf Bauernhöfen, Zoos, Werkstätten, Bahnhöfen usw. nachspielen kann. Für ältere Kinder werden diese Bausätze immer ausgefeilter und detailgetreuer und können zu immer neuen Gebäuden zusammengebaut werden. Es gibt auch diverse Ausstattungen für „So tun als ob"-Spiele, z. B. für Arzt/Ärztin, Krankenpfleger/Schwester, Polizist/in, Feuerwehrmann; es gibt diverse Autos, in die sich die Kleinen setzen und fahren können, Spielzeugküchen mit Herd, Kühlschrank, Spielzeugessen, Kochgeschirr, Bügeleisen, Teeservice, Tisch und Stühle und natürlich Puppenhäuser.

## Spiele

Kartenspiele, Spielkarten und interessant gestaltete Puzzles sind die ersten strukturierten Spiele für zwei- bis dreijährige Kinder. Bald interessieren sie sich auch für:

- bebilderte Dominosteine
- Legespiele
- Quartetts
- Uno
- Lotto
- Puzzles mit vier bis sechs Teilen

## Lieder und Spiellieder

- Alle Vögel sind schon da
- Brüderchen, komm tanz mit mir
- Der Kuckuck und der Esel
- Alle meine Entchen
- Auf einem Baum ein Kuckuck saß
- ABC, die Katze lief im Schnee
- Zeigt her eure Füße
- Ringel, Rangel, Rose
- Ri-ra-rutsch, wir fahren mit der Kutsch'
- Zehn kleine Zappelmänner

## Bücher

Jetzt können Sie schon Geschichten und Märchen mit einem richtigen Spannungsbogen vorlesen. Märchen sollten allerdings in der Kurzfassung vorgelesen werden und der Inhalt anhand von großen, einfachen Bildern mitverfolgt werden können.

## Weitere Aufgaben

- Schauen Sie mal, ob Ihr Kind schon einen Kreis oder ein Kreuz auf Papier zeichnen kann. Es kann sein, dass Sie die Formen erst selbst zeichnen müssen.
- Zeigen Sie ihm ganz unterschiedliche Haushaltsgeräte und fragen Sie „Wie heißt das?" und „Wofür braucht man das?"
- Testen Sie mal, welche Verben der Fortbewegung Ihr Kind schon kennt: Fragen Sie es, was Sie gerade vormachen: laufen, rennen, hüpfen, springen usw.
- Fragen Sie es auch nach abstrakten Begriffen: „Was ist kalt?" (heiß, hart, weich, groß, klein, dick, dünn usw.)
- Lassen Sie Ihr Kind einen hohen Turm bauen.
- Finden Sie heraus, ob es schon ein Puzzle mit sechs Teilen zusammenlegen kann.
- Lassen Sie es eine Brücke aus Holzklötzen bauen.
- Fragen Sie Ihr Kind nach Farben: „Welche Farbe ist das?" Zeigen Sie ihm gelb, rot oder die Farben, die Sie ihm beigebracht haben.
- Lassen Sie es Löffel und Gabel trennen oder Würfel und Kugeln und Ähnliches.
- Dippen Sie Gemüse, harte Früchte, Nussschalen, Steine und Flaschenverschlüsse in eine Untertasse mit Farbe, damit es damit Muster auf Papier drücken kann.

5

# Bereit für den Absprung 3-4 Jahre

# Lernrichtlinien

Zwischen dem dritten und vierten Lebensjahr können Sie Ihr Kind mehr und mehr an schulisches Lernen heranführen. Setzen Sie die Lernschritte und Methoden, die Sie schon in den früheren Kapiteln kennengelernt haben, systematisch fort, weil sich sonst im Gedächtnis Ihres Kindes Wissenslücken auftun.

## Lernstile

Wenn man einem Kind erfolgreich Mathematik beibringen will, muss ihm von Anfang an richtiges Zählen gelehrt werden. In der Abbildung unten sehen Sie ganz deutlich, dass auf dem Zählen alles aufbaut, also achten Sie darauf, dass es diesen Grundstock gelernt hat. Beim Lesenlernen ist es anders, dort gibt es keinen gemeinsamen Ausgangspunkt, aber die unterschiedlichen Methoden und Konzepte müssen vom Lehrenden beherrscht werden, damit das Kind erfolgreich lesen lernt.

## Lernzeiten

Richten Sie Ihren Tagesablauf so ein, dass Sie jeden Tag zu einer bestimmten Zeit mit Ihrem Kind lernen, damit diese Zeit ganz schnell so normal wie eine gemeinsame Mahlzeit wird. Durch die Regelmäßigkeit bleibt das Gelernte viel besser im Gehirn (bei zu langen Pausen zwischen den einzelnen Lernperioden kann sich das Gedächtnis schlechter erinnern).

Diese Lerneinheit sollte nicht länger als eine halbe Stunde dauern und deckt verschiedene Lernbereiche ab. Dabei sind kleine Belohnungen für die Erfolge Ihres Kindes genauso wichtig wie eine entspannte Atmosphäre. Die Zeitaufteilung könnte so aussehen:

| | |
|---|---|
| 5 Minuten | malen/Buchstaben abschreiben |
| 5 Minuten | Farben mit Farbkarten/echten Gegenständen lernen |
| 5 Minuten | zählen |
| 5 Minuten | Wortbedeutungen |
| 5 Minuten | Phonetik des Alphabets |
| 5 Minuten | Geschichten/Gesprächsthemen/Rätsel/Reime |

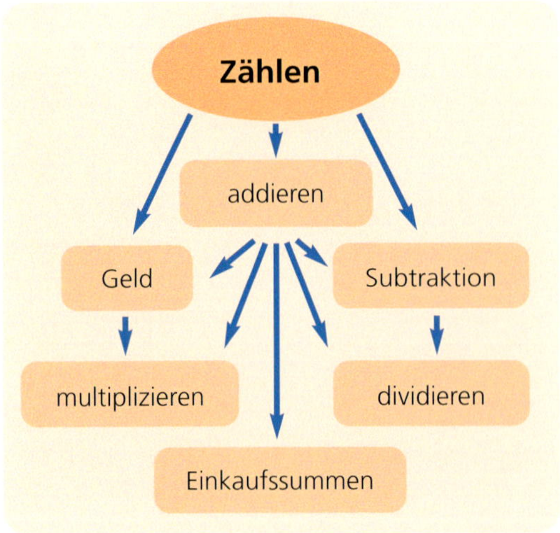


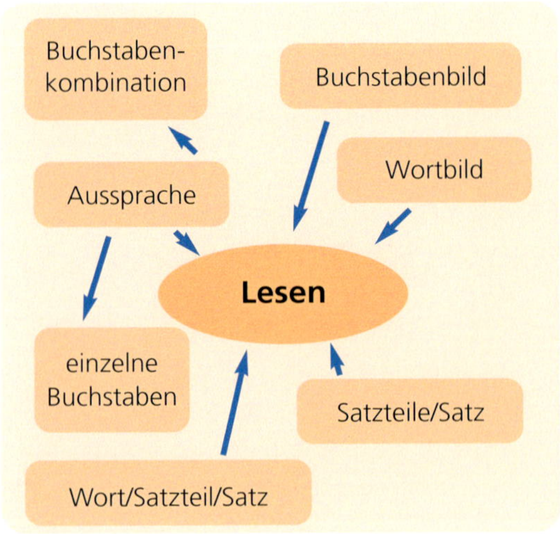

# Länge, Gewicht und Volumen

In der Wissenschaft dreht sich alles ums Hinterfragen von Dingen. Kinder in dieser Altersstufe beobachten besonders gut und wollen wissen, wie alles funktioniert, selbst wenn sie noch nicht alles verstehen. Diese wissenschaftliche Neugierde können Sie jetzt richtig gut unterstützen. Am einfachsten zu verstehen sind Länge, Gewicht und Volumen.

## Länge

Sie können Ihrem Kind zwei Aspekte von Länge beibringen: das Vergleichen von verschiedenen Längen und das Messen. Nehmen Sie Strohhalme oder Schnurstücke, um ihm „lang“, „länger“ und „am längsten“, dann „kurz“, „kürzer“, „am kürzesten“ zu erklären. Das zeigt ihm auch, dass man für den Superlativ mehr als zwei Dinge zum Vergleichen braucht.

Die Maßeinheiten sind am Anfang nicht wichtig, messen Sie Entfernungen in Schritten, Fußlängen oder Handspannen. Sie können auch aus Karton ein Maßband basteln.

## Gewicht

Kartoffeln gibt es in den unterschiedlichsten Größen und Gestalten und eignen sich deshalb wunderbar, um Gewichte zu vergleichen und herauszufinden, welche Kartoffel groß (schwer), größer (schwerer) und am größten (am schwersten) ist. Geben Sie Ihrem Kind drei unterschiedliche Kartoffeln und bitten Sie es, sie miteinander zu vergleichen. Es wird sie erst einmal gründlich untersuchen müssen, um herauszufinden, welche davon wohl die schwerste und welche die leichteste ist. Zwischen dem dritten und vierten Lebensjahr reicht es, wenn Ihr Kind vergleichen kann, das Erlernen der Maßeinheiten kommt später. Wenn es das Vergleichen gleicher Gegenstände verstanden hat, kann es auch das Gewicht von Spielzeug vergleichen: Erst wird geschätzt, dann auf der Küchenwaage nachgewogen.

## Volumen

Wenn Sie Ihrem Kind das Vergleichen von Volumina beibringen wollen, nehmen Sie am besten drei gleiche Plastikbecher und füllen sie mit unterschiedlich viel Wasser. Erklären Sie ihm, dass der Becher mit dem meisten Wasser das größte Volumen hat, obwohl der Becher gleich groß ist wie die anderen.

„Wie viel?“ ist in Bezug auf Volumen und Raummaß deshalb so schwierig zu beantworten, weil Wasser ja die Eigenschaft hat, sich an eine bestimmte Form anzupassen. Füllen Sie zwei unterschiedlich große Becher mit je der gleichen Menge Wasser und fragen Sie Ihr Kind: „In welchem Becher ist das meiste Wasser?“. Lassen Sie es dann die einzelnen Wassermengen erst in das eine Gefäß und dann in das andere gießen, um die Antwort herauszufinden. Eben weil es recht schwer zu begreifen ist, sollte man es in dieser Altersstufe bei den dargestellten Wasserspielen belassen.

# Mathematik

Zwischen dem dritten und vierten Lebensjahr lieben Kinder das Zählen so sehr, dass es einen nur wundern kann, wie vehement sie Mathematik dann mit elf Jahren hassen. Die Faszination und Magie der Zahlen bleibt und Kinder hätten auch keine Probleme, die abstrakten mathematischen Begriffe auf ihr tägliches Leben zu übertragen, wenn sie nicht niederschmetternde Erfahrungen mit Lehrern gemacht hätten, die sie mit immer neuen Formeln und Konzepten konfrontiert haben.

## Zählen

Dreijährige zählen mit Begeisterung einfach alles. Einmal, als wir unterwegs in die Stadt waren, erzählte mir Mark: „Auf der Weide, da sind 12 Kühe!", etwas später: „Da sind 15 Laternen und 6 Autos und 4 Männer ...!" Manche Kinder hören bei der Zahl 13 oder 15, 20 oder 30 auf zu zählen. Achten Sie darauf, dass Ihr Kind weiterzählt, bis es die Zahlen bis 100 oder sogar noch mehr kennt.

## Zahlen und Zahlen zuordnen

Die Ziffern selbst sollte Ihr Kind erst dann schreiben lernen, wenn es die Zahlen sicher kennt und es auch schon die Buchstaben schreiben kann. Zahlenkarten wie in den Abbildungen sind dabei sehr hilfreich. Auf der oberen Kartenhälfte sieht Ihr Kind die Zahlen und darunter dementsprechend viele Punkte. Wenn es die richtige Zahl zu einer entsprechenden Menge finden soll, schreiben Sie auf je eine Karte die Zahlen 1–5, auf einen zweiten Satz Karten zeichnen Sie die entsprechende Anzahl Äpfel. Zieht Ihr Kind die Karte „2", sucht es die passende Karte mit 2 Äpfeln.

### Muster in Zahlen erkennen

Wenn Ihr Kind die Zahlen schon gut kennt, können Sie die Zahlen aufschreiben und mit ihm erforschen, ob es an den Zahlen irgendetwas Besonderes gibt: Die „2" könnte man z. B. mit einem Schwan vergleichen. Zuerst machen Sie das mit den Zahlen 1 bis 10, dann bis 20. Gedankenverbindungen dieser Art helfen später in der Schule beim Rechnen. Mit einer Zahlentabelle kann man auch gut wiederholende Zahlenmuster erkennen: In der Zahlentabelle auf Seite 65 sind z. B. die Zahlen 1–20 auf eine Karte und bestimmte Zahlen, hier alle geraden mit grüner, die ungeraden Zahlen mit roter Farbe geschrieben.

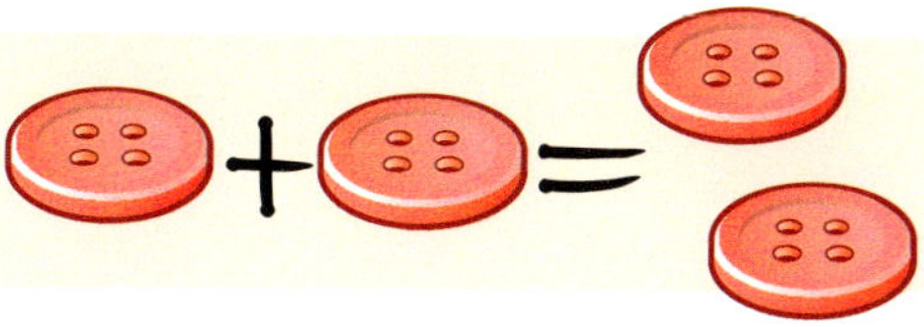


## Addieren

Mit Holzklötzchen, die aufeinandergesetzt werden, kann man wohl am besten das Addieren erklären, außerdem bekommt Ihr Kind auf diesem einfachen Weg schon eine Vorstellung zu Negativzahlen, von dem es dann später profitiert. Es kann so auch leicht verstehen, wie ein Thermometer mit Temperaturen unter Null funktioniert. Also: Addieren geht aufwärts, Subtrahieren abwärts.

In Schulbüchern werden Rechenaufgaben oft horizontal dargestellt, deshalb ist es für Ihr Kind leichter, wenn Sie jetzt schon mit Knöpfen, Süßigkeiten oder anderen, zu einer Reihe gelegten Gegenständen rechnen und so eine zusätzliche Additions-Verknüpfung im Gehirn schaffen.

Die geraden Zahlen sind grün. Die ungeraden Zahlen sind rot.

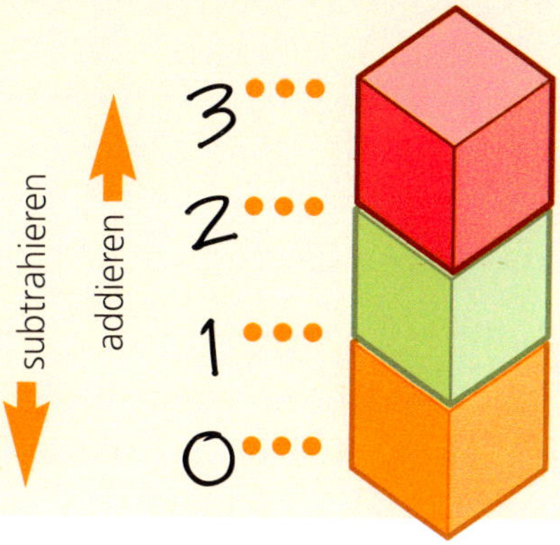


## Mit Münzen zählen

Eine der liebenswertesten Eigenschaften eines dreijährigen Kindes ist seine Naivität im Umgang mit Geld. „Schau mal, ich bin reich!", sagt Amelie, als sie mir einen Beutel voller Münzen zeigt, mit denen man gerade mal eine Tüte Süßigkeiten kaufen kann. Als ich mit ihr die Münzen zähle, hat für sie jede Münze, egal welchen Wert sie hat, ein und dieselbe Einheit.

Deshalb sollten Sie anfangs nur gleichwertige Münzen nehmen, um das Zählen zu festigen. Wenn Sie z. B. mit 2-Cent-Münzen arbeiten, dann klopfen Sie immer zwei Mal auf die Münze, um Ihrem Kind zu zeigen, dass diese doppelt so viel zählt.

Kinder lernen schnell, dass man für Geld etwas kaufen kann, ob das nun im Supermarkt, im Kaufhaus oder am Getränkeautomaten ist. Sie können mit Ihrem Kind „Einkaufen" spielen und dafür Papiermünzen herstellen, auf denen immer der gleiche Wert steht. Wenn es also seinen Lieblingszug kaufen will, dann muss es Ihnen erst einmal eine „Münze" geben.

# Lesen

An erster Stelle Ihrer „Lernliste für Ihr Kind" sollte stehen: die Liebe zu Büchern entwickeln! Das ist den meisten Eltern auch sehr bewusst: Wenn Ihr Kind beim Vorlesen auf ihrem Schoß sitzt oder bei der Gute-Nacht-Geschichte gemütlich im Bett liegt, dann wird durch diese beschützende Atmosphäre eine gute Basis für diese Liebe geschaffen. Kommen diese Kinder, wenn sie älter sind, zu mir und sagen „Bücher sind langweilig!", dann weiß ich, dass eigentlich Bücher und nicht das Bedürfnis zu lesen fehlen.

## Vorlesen

Es gibt Bücher, die Kinder schon seit Generationen fesseln, dazu gehören die Bücher von Astrid Lindgren, Ottfried Preussler oder Erich Kästner.

Ein Buch für ein dreijähriges Kind muss drei Dinge erfüllen:

1. Ein Bild pro Seite, über das es sprechen kann.
2. Zu jedem Bild ein paar Zeilen.
3. Lebendige Beschreibungen, viel Handlung, Witz und etwas Geheimnisvolles.

**Schlüsselwörter** (1. Gruppe)

ich, er, sie, es, ein, der, die, das, dieses, und, in, um, von, ist, war

Viele Märchen haben genau diese Elemente, obwohl sie für manche Kinder zu grausam sind und sie davon träumen.

Wenn Sie Ihrem Kind vorlesen, dann vergessen Sie Ihre Hemmungen und schlüpfen Sie in die Rolle des Riesen oder der Hexe. Wenn ich einem dreijährigen Kind ein Märchen mit verteilten Rollen vorlese, macht es nach dem zweiten oder dritten Mal die Stimmen und Bewegungen schon vor mir.

### Reime und Melodien

Am schnellsten begeistern sich Kinder wohl über Reime und Melodien für Bücher. Durch das Singen, Klatschen, Stampfen und viele andere Bewegungen werden mehrere Sinne angeregt und dadurch bleiben die Bilder, Worte und Melodien viel besser im Gedächtnis. In den ersten Schulklassen wird das Alphabet in der Regel mit Liedern beigebracht, zu denen im Rhythmus geklatscht wird. Das Rhythmusgefühl kann durch „Trommeln" (Holzlöffel auf einem umgedrehten Topf) oder kleine Schütteldöschen noch gefördert werden: Dafür reichen schon zwei kleine Joghurtbecher, die mit ein paar kleinen Steinchen gefüllt und zusammengeklebt werden (s. Abb.).

## Lesen beibringen

Irgendwann kommt der Moment, in dem Ihr Kind Sie überrascht und Ihnen ein Wort, z. B. „Apfel" aus einem ABC-Buch vorliest. Dieser Zeitpunkt ist sehr unterschiedlich: Der kleine Tom war z. B. erst 10 Monate alt und konnte gerade alleine in seinem Kinderwagen sitzen, Paul wiederholte die Worte mit 2 Jahren, Maximilian mit 3 und Lukas mit 4 Jahren.

Von da an können Sie unterschiedlich vorgehen: das Alphabet vorsprechen und zeigen, Schlüsselworte anschauen und sagen oder kurze Sätze wie „Hier kommt die Oma!" zeigen und lesen. Eigentlich sollten alle Leselernelemente angeboten werden.

Klar strukturierte Lernprogramme helfen einem jungen Kind beim Lesenlernen und führen bei älteren Kindern mit Leseschwäche zu erstaunlichen Ergebnissen. Am besten verarbeitet das Gehirn gut strukturierte, aufeinander aufbauende Angebote, die öfter wiederholt werden, und genauso sollten Sie Ihrem Kind das Lesen beibringen.

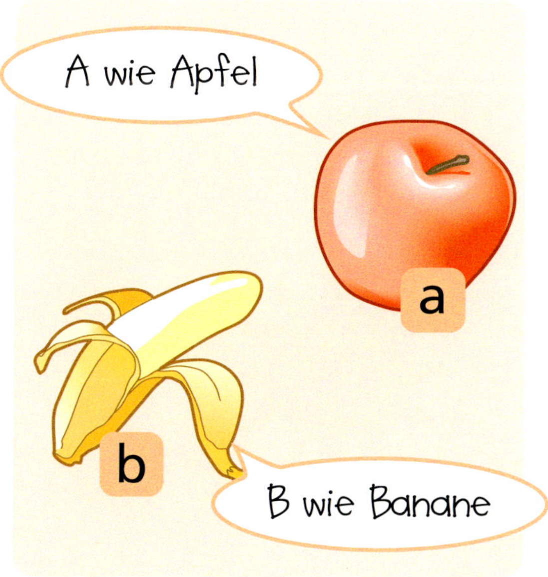


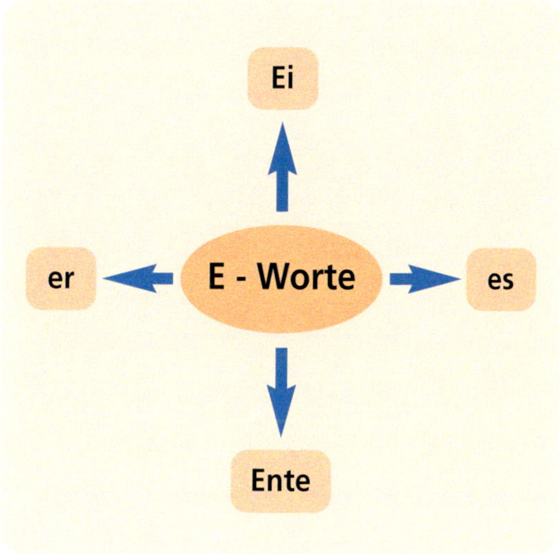


### Buchstabenbild und Aussprache

Bauen Sie gute Verbindungen zu Worten auf: Sie können Ihr Kind z. B. Wörter mit einem kurz ausgesprochenen „a" finden lassen („Ratte" und nicht „raten" oder „Rabe"), dann mit einem kurzen „b" usw. Das mag am Anfang schwer für Ihr Kind sein, aber es wird schnell erstaunliche Fortschritte machen.

### Wortbild und Wortklang

Das Lernen von ganz konkreten Worten geht wohl am besten, wenn Ihr Kind Bilder und echte Gegenstände anschaut und die Worte dann damit assoziieren kann. Bringen Sie ihm auch einige Schlüsselwörter, also solche, die sehr häufig in einem Text vorkommen, bei (s. Kasten S. 66). Abstrakte Worte sind nicht so einfach mit einem Bild zu verbinden, aber durch häufige Wiederholung verfestigt sich auch ihr Bild im Gehirn Ihres Kindes und dadurch beschleunigt sich der Leselernprozess.

## Lesespiele

Jede der folgenden Übungen festigt die Vertrautheit von Wörtern und steigert das Bedürfnis, mit ihnen zu experimentieren:

- Auf Lebensmittelverpackungen nach bestimmten Buchstaben Ausschau halten (z. B. „L", wenn Ihr Kind Lara heißt.)
- Lieblingskekse oder Lieblingsjoghurt anhand des Etiketts im Supermarkt finden.
- Nach häufig vorkommenden Wörtern wie z. B. „und" oder „der/die/das" suchen.
- Die Namen von Blumen, Tieren oder Vögeln, die man draußen gesehen hat, aufschreiben und anschauen.
- Nach bestimmten Buchstaben auf den Nummernschildern von Autos forschen.
- „Ich sehe was, was du nicht siehst" mit Buchstaben spielen.
- Alberne Verse ausdenken, je alberner, desto besser, z. B: Kichernde Kängurus knutschen kleine Kamele.

Schlüsselwörter können in der Luft, mit dem Finger in feuchtem Sand, mit Knete oder Salzteig nachgezeichnet werden und so zu einem geistigen Bild im Gedächtnis Ihres Kindes werden.

Wenn Sie das Lesen mit Büchern beibringen, sollten die Buchstaben groß und klar sein und auf jeder Seite zu dem Bild nur ein kurzer Satz stehen, z. B. „Ich sehe einen Bus!". Mit dieser Art Eselsbrücke, einen Satz mit einem Bild zu verbinden, kann sich Ihr Kind gut an den geschriebenen Satz erinnern.

### Gleich klingende Wörter

Wörter kann man nicht nur nach Gehör lernen, man muss auch auf die richtige Aussprache achten. Da manche Wörter (z. B. leer – lehr) gleich klingen, aber anders geschrieben werden, ist es für das Kind hilfreich, das Wortbild im Textzusammenhang zu sehen, damit es das Wort leicht wiedererkennt. Das gilt besonders für Wörter der zweiten Gruppe. In den nächsten zwei Kapiteln wird das ausführlicher beschrieben.

### Gegensätze

Die Bedeutung der Wörter ist genauso wichtig wie deren Bild und Aussprache. Mit Gegensätzen schafft man im Gehirn effektive geistige Bilder von deren Bedeutung.

Sechs Karten mit Gegensätzen wie z. B. lachen – weinen, groß – klein, dünn – dick werden gemischt und aufeinandergestapelt, Ihr Kind soll dann die drei zueinandergehörenden Paare finden. In der Regel dauert es mehrere Sitzungen, bis ein Kind diese Aufgabe versteht. Kinder, die bald ihren vierten Geburtstag feiern, haben schon mehr Bilder im Gehirn als Kinder, die gerade drei geworden sind, und verstehen die Aufgabe meistens schneller. Sollte diese Aufgabe noch zu schwer für Ihr Kind sein, spielen Sie lieber erst ein Legespiel mit zwei gleichen Paaren (Sonne – Sonne; Mond – Mond), damit es sich die „Gegensätze" einzeln und in Ruhe anschauen und später dann die Gegensatzpaare finden kann.

# Angewandtes Wissen

Die Fähigkeit, das erlernte Wissen anzuwenden und so Probleme zu lösen, kann schon sehr früh eingeübt werden. Es geht hier nicht um das Zusammenlegen von Puzzlespielen (das kommt später), bei denen nach bestimmten festgelegten Mustern das Ergebnis erzielt wird. Ihr Kind weiß mittlerweile, dass es auf Fragen eine Antwort gibt. Wenn Ihr Kind dieses Konzept verstanden hat, ist es bereit zu lernen, dass es auf manche Fragen und Probleme auch mehrere Antworten und Lösungen gibt. Darum geht es auf den folgenden Seiten.

## Probleme ausdenken, die Ihr Kind lösen kann

Am Anfang stellen Sie Ihrem Kind eine Aufgabe, auf die es nur eine Antwort gibt.

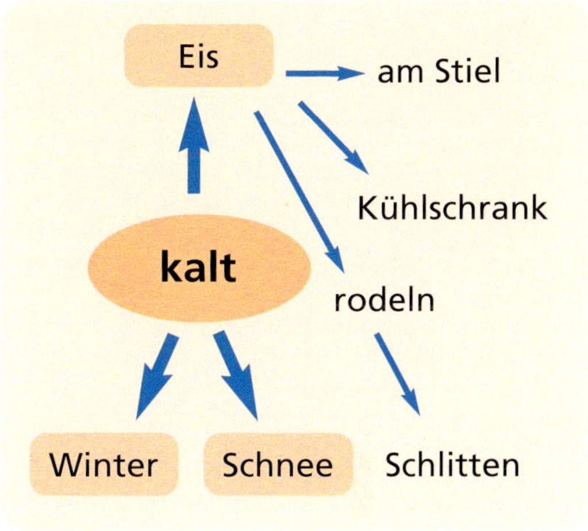


**Beispiel:**
**Ich:** „Elias, hier im Raum ist etwas, das ist gelb und schmeckt sehr gut!"
**Elias:** „Banane, aber man muss die Schale abmachen!"

Danach fördern Sie die Kreativität Ihres Kindes und lassen es für ein Problem mehrere Antworten finden.

**Beispiel:**
**Ich:** „Leonie, was ist kalt?"
**Leonie:** „Wenn ich meine Jacke anziehen muss!"
**Ich:** „Richtig, aber was ist kalt, wenn ich es anfasse?" (dabei die Bewegung vormachen und mit einem Finger den Tisch berühren)
**Leonie:** „Eis am Stiel! Ich habe gestern eins bekommen. Mama hat gesagt, dass ich damit nicht über die Straße rennen soll ..!"

Diese Art des Denkens sollte so oft wie möglich mit Sachen wiederholt werden, die Ihr Kind ganz bestimmt kennt, damit in seinem Gehirn eine Verbindung zwischen all den verschiedenen Wissensgebieten aufgebaut werden kann.

Hanna z. B. quietschte immer vor Vergnügen, wenn ihr Wissen getestet wurde.

**Beispiel:**

1. **Ich:** „Wo schlafen nachts die Autos?"
   **Hanna:** „Autos können nicht schlafen!"
2. **Ich:** „Ich schlafe jede Nacht auf dem Bürgersteig!"
   **Hanna:** „Falsch! Du schläfst im Bett!"
3. **Ich:** „Du bist ein Riese und ich ein winzig kleiner Wurm!"
   **Hanna:** „Du bist albern, du bist groß und ich bin klein!"
   **Ich:** (Ich mach mich auf dem Sessel ganz klein) „Du bist albern! Guck! Ich bin viel kleiner als du!" (großes Gekicher von Hanna).
4. **Ich:** „Bist du eine Prinzessin? Lebst du in einem Schloss?"
   **Hanna:** „Quatsch, ich bin doch keine Prinzessin! Ich leb in einem Haus!"

Ernst gestellte Fragen wie z. B. „Benutzt Dein Papa einen Schlüssel, um das Auto zu starten?" regen Kinder stark zum Nachdenken an, weil Dreijährige oft noch nicht genau wissen, wie etwas wirklich funktioniert.

## Rätsel

Auch das ist eine wunderbare Art, das Wissen Ihres Kindes zu erweitern, obwohl man die Fähigkeiten eines Kindes, in Konzepten zu denken, manchmal auch falsch einschätzen kann.

**Beispiel:**

**Ich:** „Was ist dünn, wackelt und lebt in der Erde?"
**David:** „Elefanten!" (sehr bestimmt) „Sie wackeln mit ihrem Rüssel!" (Er hat natürlich nicht zwischen „in" und „auf" unterschieden!)

Stellen Sie Rätselkarten her: Auf die Vorderseite zeichnen oder kleben Sie ein Bild, z. B. von einem Hund, auf die Rückseite kommt eine kurze Beschreibung. Legen Sie die Karte mit der Bildseite nach unten, lesen Sie den Text vor und drehen Sie die Karte um, wenn die Antwort richtig ist.

## Puzzle- und Kartenspiele

Geschicklichkeit, schnelles Zuordnen und räumliches Denken werden bei Puzzlespielen, einfachen Kartenspielen wie z. B. Quartetts oder anderen entwickelt.

## Zählspiele

Spiele wie Mensch ärgere Dich nicht, Dame, das Schneckenspiel, das Leiterspiel oder Hinkeln erweitern die Zahlenkenntnisse Ihres Kindes, obwohl z. B. beim Leiterspiel Additionen hinzukommen, zu denen es noch nicht in der Lage zu sein braucht.

Mit Dame kann das Merken und Erinnern ausgezeichnet trainiert werden ebenso wie mit Schach. Mit Darts (mit Haftpfeilen und Zahlenbereichen bis zehn) kann die Bedeutung von Addition unterstützt werden, das funktioniert aber erst, wenn Ihr Kind schon gelernt hat, unterschiedliche Gegenstände und Symbole zu addieren.

## Baukästen und Bausätze

Beim Spiel mit Bauklötzen lernt Ihr Kind dreidimensionales Denken. Es gibt für dieses Alter die unterschiedlichsten Baukästen und Bausätze aus Plastik, Holz oder Metall, mit denen Ihr Kind bauen kann und dabei seine Kreativität und das Lösen von Problemen schult.

## Spielzeug selbst gemacht

Neben diesen Bausätzen, die es in jedem guten Spielwarengeschäft zu kaufen gibt, können Sie auch Spielzeug aus Material, das Sie im Haus haben, selbst herstellen. Probieren Sie folgende Vorschläge aus:

- Füllen Sie eine leere Plastikflasche halb voll mit Muscheln, Knöpfen oder anderen kleinen Gegenständen. Machen Sie in den Flaschendeckel ein Loch, ziehen Sie eine verknotete Schnur hindurch, schließen Sie den Deckel wieder und schon hat Ihr Kind ein Spielzeug, das es hinter sich herziehen kann. Sie können aus festem Karton sogar Räder bauen: Drücken Sie in die Radnabe ein kleines Loch, durch das später je Rädersatz ein dünner Achsenstab kommt. Schieben Sie die beiden Stäbe parallel zueinander durch die Flasche und befestigen Sie an den Enden die Pappräder.
- Sie können eine ganze Landschaft selbst herstellen, indem Sie leere Verpackungen oder alte Postkarten anmalen und zu Szenen zusammenstellen. Straßen oder Eisenbahnschienen macht man aus schwarz angemalten Postkarten, auf die mit weißer Farbe noch Markierungen aufgemalt werden. Kleine Dosen werden zu Häusern zusammengeklebt und angemalt. Parks und Grünflächen entstehen, wenn die Innenseiten von Verpackungskartons grün bemalt werden. Aus leeren Klopapierrollen schaut ein wenig grünes Papier heraus und schon sind Bäume fertig. Dann braucht Ihr Kind nur noch diverse Spielzeugfiguren oder Autos zur Hand zu nehmen und schon kann gespielt werden.

# Experimentieren

Ein Kind zwischen dem dritten und vierten Lebensjahr wird besonders durch einfache naturwissenschaftliche Experimente zum Nachdenken angeregt und entdeckt dabei, nach welchen Regeln Dinge um es herum funktionieren.

## Forschungsbeispiele

Einige Ideen, die jetzt beschrieben werden, bauen auf den Experimenten der vorherigen Kapitel auf, andere sind neu.

- **Senf und Kressesamen säen:** Drücken Sie ganz vorsichtig Watte in eine leere, ausgewaschene Eierschale, säen Sie Senf- oder Kressesamen darüber, befeuchten Sie diese täglich mit ein wenig Wasser und freuen Sie sich mit Ihrem Kind, wenn aus den Körnern die Sprossen hervorgekrabbelt kommen.
- **Schwimmen und sinken:** Füllen Sie eine Schüssel mit Wasser und geben Sie Ihrem Kind dann unterschiedliche Materialien wie z. B. Münzen, Steine, Plastikbecher oder kleine Stöcke, die entweder auf der Wasseroberfläche schwimmen oder untergehen.
- **Leicht oder schwer:** Finden Sie mit Ihrem Kind heraus, welche Gegenstände schnell zu Boden fallen, welche länger brauchen und ob die Form die Dauer des Falls beeinflusst. Versuchen Sie es mit Bällen, Watte, einem kleinen Stein und Papier. Beobachten Sie, was passiert, wenn Sie das glatte Blatt zusammendrücken.
- **Papierflugzeuge:** Falten Sie aus buntem Papier Flugzeuge und schauen Sie ihnen beim Fliegen zu, Ihr Kind wird das garantiert lieben. An windigen Tagen kann man sie auch draußen fliegen lassen.
- **Blätter sammeln:** Sammeln Sie im Park oder Garten ganz unterschiedliche Blätter und ordnen Sie diese zu Hause nach Größe und Form. Schauen Sie sich mit Ihrem Kind die Unterschiede genau an.
- **Frieren und schmelzen:** Füllen Sie eine Eiswürfelform mit Wasser und stellen Sie diese ins Kühlfach, bis das Wasser gefroren ist. Fragen Sie Ihr Kind, was der Unterschied zwischen Wasser und Eis ist. Lassen Sie das Eis wieder schmelzen und beobachten Sie, wie lange das dauert.
- **Magnete:** Zeigen Sie Ihrem Kind, wie es mit einem Magneten ganz einfach Büroklammern oder Haarnadeln hochheben kann. Halten Sie zwei Magnete aneinander und beobachten Sie, ob sich die beiden Enden anziehen oder abstoßen.
- **Früchte und Gemüse:** Schauen Sie sich mit Ihrem Kind unterschiedlich geformte Früchte und Gemüsesorten wie z. B. Banane, Möhre, Ananas und Zwiebel an, fühlen Sie die Form und Oberflächenbeschaffenheit und lassen Sie es beschreiben, was es sieht und fühlt. Sie können alles auch durchschneiden und die Samen betrachten.

## Spielzeug und Beschäftigungen

Mit drei bis vier Jahren kann Ihr Kind den Malstift schon kontrollierter führen und das kann zu ersten Schreibversuchen führen. Die folgenden Aktivitäten können dabei hilfreich sein.

### Spielzeug

- Schreibtisch
- große Boden-Puzzles
- Transparentpapier (Pauspapier)
- Tafel und Kreide
- Vorlagen und Schablonen
- Geschichtenbücher
- Puzzles
- Schere
- Fahrrad und Bobby-Car

### Spiele

- Murmeln
- Hinkeln
- Paare finden
- Ich sehe was, was du nicht siehst
- Domino
- Schnapp

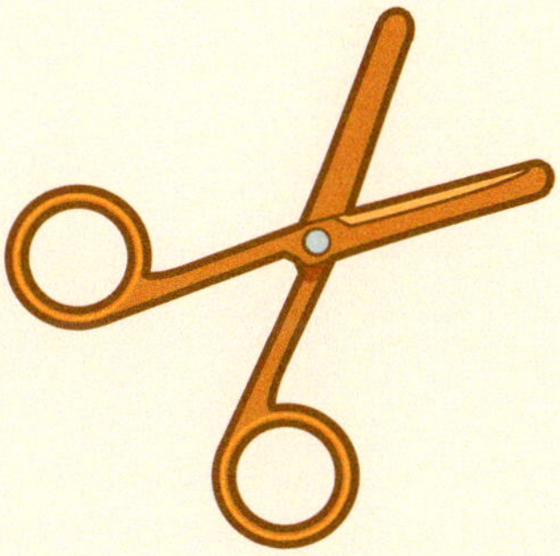

### Lieder

- Der Mond ist aufgegangen
- Wer will fleißige Handwerker sehen
- Brüderchen, komm tanz mit mir
- Der Herbst ist da
- Ich geh' mit meiner Laterne
- Alle Leut' geh'n jetzt nach Haus
- Ihr Kinderlein kommet
- Die Vogelhochzeit
- Scheint die Sonne
- Machet auf das Tor

### Bücher

Lesen Sie Ihrem drei- bis vierjährigen Kind weiter Reime, Märchen und Bilderbücher, besonders seine Lieblingsbücher vor. Es liebt selbst erfundene Geschichten über Menschen, Tiere oder Orte, die ihm vertraut sind. Es gibt unzählige gute Bücher mit wunderbaren Illustrationen und interessanten Geschichten. Trauen Sie bei der Auswahl Ihrer Intuition und der Ihres Kindes.

# Kreatives Spielen

Die Wichtigkeit von freien und angeleiteten Spielen kann man gar nicht genug schätzen. Hier brauchen sich Kinder nicht an Benimmregeln halten und dürfen ohne Angst vor Strafe auch mal leicht ausrasten und z. B. ein Auto hinwerfen. Im Rollenspiel schlüpfen sie in unterschiedliche Rollen und schaffen so im Gehirn eine Verbindung zwischen den verschiedensten Wissensgebieten. Kreatives Spielen bereitet schon auf kreative Beschäftigungen in der Schule vor, trainiert rudimentäres Querdenken und divergentes Denken.

## Spielzeug

Das beste Spielzeug für drei- bis vierjährige Kinder sind Sachen, mit denen sie das wirkliche Leben nachspielen können, z. B. Puppen, Autos, Züge, kleine Spielfiguren, Polizeistation, Feuerwehrstation, Krankenschwesterausrüstung, Verkleidungssachen. Für Fantasiespiele eignet sich einfach alles: Steine und Zweige aus dem Garten, Plastikbausteine und Knete. Viele Kinder lieben auch „So tun als ob"-Spiele.

## Zeichnen

Gerade und gewellte Linien zu zeichnen, ist eine gute Vorübung für das spätere Schreiben. Trotzdem sollte in dieser Altersphase die Freude am Zeichnen und nicht das Schreiben lernen überwiegen. Mit dicken Wachsstiften erzielen Kinder interessante Farbeffekte und Muster. Sie sind leicht in der Hand zu halten.

Viele Kinder lernen in diesem Alter, einzelne Buchstaben zu kopieren. Sie malen über Ihre groß geschriebenen Buchstaben oder über Punkte, die verbunden zu Buchstaben werden. Schreiben Sie aber noch keine Großbuchstaben, sondern Kleinbuchstaben.

## Malen

Hier kann Ihr Kind jetzt viel ausprobieren. Kaufen Sie eine Grundausstattung an Farben, Pinseln usw., legen Sie eine Plastikplane über den Tisch und schon geht es los.

**Fertige Farben** bekommt man preiswert in großen Plastikflaschen. Gießen Sie die Farbe portionsweise in kleine Joghurtbecher, die Ihr Kind gut handhaben kann.

**Drucke:** Mit halben Kartoffeln kann man wunderbare Muster auf ein Papier oder Stück Stoff drucken. Auch andere Gemüsehälften, Steine oder Zweige hinterlassen interessante Muster.

**Schmetterlingsbilder** schaffen eine Verbindung zu Symmetrie im Matheunterricht. Falten Sie ein Papier zur Hälfte, klappen Sie es wieder auf und lassen Sie Ihr Kind auf eine Seite ein kleines Bild mit feuchter Farbe malen. Das Papier wird wieder zusammengefaltet und erneut geöffnet und damit eine perfekte Spiegelung des Bildes geschaffen.

**Wachsentwürfe** entstehen, wenn Ihr Kind mit einer Kerze ein Bild malt und das Gemalte mit Farbe übermalt. Die Farbe perlt auf dem Wachs ab, haftet nur dort, wo kein Wachs ist und enthüllt so das Gemalte.

**Pustebilder:** Hier träufelt man einen Tropfen Farbe oder Tinte auf ein Papier und pustet sie dann mit einem Strohhalm über das Papier. Sie hinterlässt ein wunderbar bizarres Muster, das an zarte Spinnenbeine erinnert. Lassen Sie Ihr Kind mit unterschiedlicher Kraft und Ausdauer pusten und dann den Unterschied erkennen.

## Alben und Klebebilder

Jetzt ist die richtige Zeit gekommen, mit dem ersten Buch aus der Serie „Mein Album" anzufangen. Ihr Kind kann Ihnen dabei helfen, Bilder aus alten Katalogen, Zeitschriften, Comics und Zeitungen auszuschneiden und damit das Buch zu dekorieren und aus selbstklebendem Papier Muster hineinzukleben. Sie können Fotos von Ihrem Kind von Babyalter bis jetzt und ebenso Erinnerungsfotos oder Skizzen von Familienfeiern, Ausflüge, Geburtstage und Besuchen hineinkleben.

Über persönliche Erlebnisse werden im Gehirn wunderbare Verbindungen zwischen neuem Wissen und Erfahrungen hergestellt, deshalb kann es für Ihr Kind nur hilfreich sein, wenn Sie ab und zu mit ihm in den Alben blättern und Sachen darin noch einmal erklären. Schreiben Sie vorne auf das Buch den Namen Ihres Kindes, damit es ein Gespür dafür bekommt, dass all die Erinnerungen darin sein Leben ausmachen.

Kleben Sie auch besondere Klebebilder aus ganz unterschiedlichen Materialien wie z. B. kleine Stoffstücke mit besonderem Muster oder ein Stück vom Lieblingspullover Ihres Kindes, Silberpapier, Blätter, Stöckchen oder Sand hinein.

## Noch mehr kreatives Material

Knete, Salzteig oder andere Modelliermassen finden Kinder dieser Altersstufe toll. Richtiger Ton ist für viele Kinder noch etwas schwer zu handhaben.

### Aufgaben

1. Bitten Sie Ihr Kind, dies hier zu zählen:

   **a** ☺ ☺ ☺ ☺ ☺ ☺
   **b** ☺ ☺ ☺
   **c** ☺ ☺ ☺ ☺ ☺
   **d** ☺ ☺ ☺ ☺

2. Bitten Sie Ihr Kind, dies hier abzumalen:

   C O X

   Bitten Sie Ihr Kind, irgendeinen Buchstaben oder irgendeine Zahl, die Sie aufschreiben, nachzumalen.
3. Bitten Sie Ihr Kind, aus Bausteinen einen Turm, danach eine Brücke zu bauen. Kinder sind mit drei Jahren in der Lage, einen Turm mit neun Bausteinen zu bauen.
4. Bitten Sie es, Messer, Gabeln und Löffel (je drei) nach Gruppen zu sortieren.
5. Bitten Sie Ihr Kind, den Tisch mit Tellern, Gläsern und Besteck zu decken.
6. Bitten Sie Ihr Kind, Bauklötze in drei unterschiedlichen Größen zu sortieren.
7. Finden Sie heraus, welche Farben Ihr Kind schon kennt: Rot, Orange, Gelb, Grün, Blau, Purpur, Schwarz, Weiß.
8. Erkennt Ihr Kind Buchstaben? Zeigen Sie ihm einige Konsonanten, z. B. „b", „c", „d" und fragen Sie es: „Wie heißt das?"
9. Vielleicht erkennt es schon einzelne Wörter (besonders, wenn Sie die gerade beschriebene Bilderbuch- oder Bilderkartenmethode angewendet haben). Schreiben Sie Wörter, die man häufig verwendet, wie z. B. den eigenen Namen, Mama, Papa, Hund oder andere einfache Worte.

6

# Schulreif 4–5 Jahre

# Lesen

Zwischen vier und fünf Jahren fangen viele Kinder mit dem Lesen richtiger Wörter an. Beginnen Sie mit einfachen Wörtern mit einem Vokal als Anfangsbuchstaben wie z. B. Apfel, Esel, Igel, Orange, Uhr und bezeichnen Sie Gegenstände, die Ihr Kind kennt. So kann Ihr Kind erfolgreich in seinem Gedächtnis nach bekannten Bildern suchen und freut sich über seine schnellen Lernerfolge. Gerade weil im Gedächtnis des Kindes noch nicht so viele Begriffe sind, müssen Sie hier langsam und vorsichtig vorgehen und seine Kenntnisse nach und nach mit neuen Begriffen und Bildern erweitern. Das im Kasten abgebildete phonetische Alphabet ist dabei sicher auch eine große Lernhilfe.

### Das phonetische Alphabet

| | | | | | |
|---|---|---|---|---|---|
| A | *wie* | Apfel | B | *wie* | Banane |
| C | *wie* | Cello | D | *wie* | Dose |
| E | *wie* | Esel | F | *wie* | Flasche |
| G | *wie* | Gabel | H | *wie* | Hund |
| I | *wie* | Igel | J | *wie* | Jäger |
| K | *wie* | Käse | L | *wie* | Löffel |
| M | *wie* | Mann | N | *wie* | Nase |
| O | *wie* | Opa | P | *wie* | Papagei |
| Q | *wie* | Quark | R | *wie* | Roboter |
| S | *wie* | Sonne | T | *wie* | Tasse |
| U | *wie* | Uhr | V | *wie* | Vase |
| W | *wie* | Wasser | X | *wie in* | Max |
| Y | *wie in* | Teddy | Z | *wie* | Zoo |

## Das phonetische Alphabet

Ihr Kind wird das Alphabet in Verbindung mit Bilderkarten (s. S. 79) relativ schnell lernen: Zeichnen oder kleben Sie ein einfaches Bild auf je eine Karte und schreiben Sie das dazu passende Wort in deutlichen Druckbuchstaben darüber, wobei nur der erste Buchstabe groß geschrieben wird. Üben Sie mit Ihrem Kind jeden Tag nur einige Minuten und nicht mehr als fünf Wörter pro Tag.

Die zwei größten Schwierigkeiten mit dem phonetischen Alphabet sind:

1. Gegenstände zu finden, die Ihr Kind kennt.
2. Das Gehörte und das Geschriebene im Gehirn zu verbinden, denn oft klingen die Anfangsbuchstaben eines Wortes anders als allein ausgesprochen (z. B. Cello – C).

Versuchen Sie, Ihr Kind auf diesen ersten Buchstaben zu fokussieren: Betonen Sie ihn und sprechen Sie ihn klar und deutlich aus.

### A wie A–pfel

Der Apfel auf der Bildkarte hilft Ihrem Kind, eine Verbindung im Gehirn herzustellen, aber die Struktur des Buchstabens muss im Gehirn auch noch eine Hervorhebung bekommen.

Für Ihr Kind sind abstrakte Begriffe am Anfang nur geschriebene Buchstaben und Worte, die einen bestimmten Klang und eine Bedeutung haben. Es braucht deshalb ein bekanntes Bild und eine vertraute Erfahrung, damit sich das Gehirn an die Buchstaben bzw. das Wort erinnert. Wenn Sie nachempfinden wollen, wie es Ihrem Kind dabei geht, dann lassen Sie sich von einem anderen Erwachsenen einen kleinen Text schreiben, in dem bei jedem Wort der erste Buchstabe fehlt.

### Aussprache lernen

Das phonetische Alphabet, das Wortbild und den dazu gehörenden Klang zu verarbeiten, ist für Ihr Kind sehr anstrengend, deshalb ist es ganz wichtig, dass diese Übungen nur ein paar Minuten am Tag dauern. Über die Monate hinweg lernt Ihr Kind auf diese Weise ungeheuer viel. Bitte üben Sie bei diesen Übungen keinen Druck aus: Das Spielerische hat Vorrang und nicht der schnelle Lernerfolg. Der Erfolg stellt sich trotzdem ein, weil das Kind so genug Zeit hat, jeden neuen Eindruck zu speichern. Versuchen Sie, diese Lernsequenzen mit vielen lustigen Bildern oder Szenarios zu bereichern.

## Schlüsselwörter (1. Gruppe)

ich, er, sie, es, ein/eine, der/die/das, dieses, und, in, zu, von, ist, war

## Abstrakte Schlüsselwörter

Ihr Kind wird mithilfe von Wort- und Bildkarten die einzelnen Wörter schnell lernen, aber es wird trotzdem schwierig für es sein, diese abstrakten Wörter im Gehirn zu verknüpfen. Eben weil viele Wörter abstrakt sind und das Kind keine Bilder und Erfahrungen dazu im Gedächtnis aufrufen kann, greifen viele Lehrer auf die Methode „so lange üben und wiederholen, bis es sitzt“ zurück. Schauen Sie sich noch einmal die Schlüsselwörter oben im Kasten an (s. auch S. 66) und versuchen Sie dann, mit den im Folgenden beschriebenen Methoden ein erfolgreiches Aufrufen der Information zu erreichen.

### Sich an abstrakte Wörter erinnern

Neben dem Wiederholen und Üben von Wörtern hat sich das Arbeiten mit Eselsbrücken sehr bewährt:

- Lassen Sie Ihr Kind mit großen, stabilen Buchstaben das Wort zusammenlegen und es mehrmals laut vorlesen.
- Lassen Sie Ihr Kind das Wort im Sand nachzeichnen und dabei laut aussprechen.
- Bitten Sie Ihr Kind, die Augen zu schließen, sich das Wort vorzustellen und es dabei laut zu sagen.
- Denken Sie sich eine Geschichte aus, in der „ein“ und „der/die/das“ eine zentrale Rolle spielen und in der Sachen vorkommen, die Ihr Kind kennt (Kindergarten, Zuhause, Familie, Freunde).

## Schlüsselwörter (2. Gruppe)

**Wenn Ihrem Kind die Schlüsselwörter der ersten Gruppe schon sehr vertraut sind, können Sie ihm die nächsten beibringen. Auch diese werden wieder einzeln und mit genug Zeit und Geduld gelernt:**

**du, seines/ihres, wir, sie, alle, hatten, haben, sein, sind, gesagt, wie, für, am, auf, mit, aber, nicht, eine, deshalb**

- Schreiben Sie diese Wörter auf Wort- und Bildkarten.
- Sie können sich sogar kleine Geschichten ausdenken und Ihrem Kind dabei einzelne Wörter daraus zu lesen geben. Schreiben Sie diese groß und zeichnen Sie ein Bild dazu.

Stellen Sie Ihrem Kind die neuen Wörter nach und nach und nur dann vor, wenn es sich leicht an die anderen erinnern kann.

Machen Sie sich immer wieder neu bewusst, dass jedes Kind anders und in seinem eigenen Tempo lernt. Vergleichen Sie die Lernfortschritte Ihres Kindes nicht mit denen eines anderen Kindes. Ich habe einige Kinder erlebt, die mit drei Jahren lesen konnten, und andere, die es erst mit vier bis fünf Jahren wollten, aber alle waren sie vom Lesen und ihren Fortschritten begeistert.

### Buchauswahl

Wählen Sie für die ersten Leseerfahrungen Ihres Kindes Bücher mit wenigen Wörtern und großen, farbigen Bildern aus und lesen Sie diese mit Ihrem Kind. Die Geschichte muss interessant sein und viele Wiederholungen enthalten. Wenn eine bestimmte Geschichte Ihr Kind begeistert und seine Fantasie anregt, dann suchen Sie nach ähnlichen Büchern, weil der Aufbau des Buches dann genau richtig ist, Wörter und Bilder auf leichte Weise im Gehirn Ihres Kindes zu verbinden, und es sich dann auch sehr leicht an diese Verbindung erinnern kann. Sie werden bestimmt einen behutsamen Weg finden, die Begeisterung für die Geschichte mit kleinen Lerneinheiten zu verbinden.

## Buchstaben und Zahlen schreiben

Kleine Kinder finden das Schreiben von Buchstaben oder Zahlen oft sehr anstrengend, deshalb bauen Sie die Übungen einfach zwischendurch ein. So manches Kind findet es absolut spannend, schreiben zu lernen, besonders dann, wenn es ihm leichtfällt, das Üben behutsam durchgeführt und auf ein paar Minuten am Tag begrenzt ist. Sie werden die Begeisterung Ihres Kindes noch fördern, wenn es Sie ganz oft schreiben sieht: Einkaufslisten, Briefumschläge, Notizen usw. Geben Sie Ihrem Kind in solchen Situationen ein Stück Papier, auf dem es dann seine eigene „Liste" schreiben kann. Oft geschieht es, dass dann tatsächlich schon Buchstaben oder buchstabenähnliche Gebilde zu erkennen sind. Loben Sie Ihr Kind dann und lesen Sie ihm diese laut vor.

# Zahlenkenntnisse

Gerade jetzt sollten Sie darauf achten, dass Ihr Kind die Zahlen beherrscht und einen Bezug zwischen Zahlen und dem echten Leben erkennt. Sonst kann es zu schnell passieren, dass es später in diesem Schulfach versagt oder sich einredet, Mathematik nicht zu verstehen.

## Zahlenkenntnisse erweitern

Nehmen Sie alles, was greifbar ist, um mit Ihrem Kind das Zählen zu üben: Knöpfe, Münzen (nur als Stückzahl wichtig, der Wert ist unwichtig), Murmeln, Bausteine und Finger, die ja besonders nützlich sind, weil man sie immer dabei hat. Mit Fingern und Zehen zusammen kann es schon bis 20 zählen.

Kinder, die schnell lernen, erfassen auch Zahlen leichter als Kinder, die langsamer begreifen. Sie werden auch mit einer Zahlenreihe (siehe unten) leicht etwas anfangen können. Sie eignet sich auch sehr gut zum Zählenlernen.

Eine Zahlenreihe kann entweder horizontal oder vertikal geschrieben werden. Das Vertikale hilft Ihrem Kind später, eine Verbindung zu Minuszahlen und dem Ablesen von Temperaturen zu ziehen (plus geht nach oben, minus nach unten).

Je nachdem, welche Fortschritte Ihr Kind macht, können Sie die Zahlenkenntnisse bis zur 15, 20 oder sogar 30 erweitern – es gibt Kinder, die mit vier Jahren schon bis 100 zählen können.

## Geschriebene Zahlen

Es hängt vom Leistungsstand Ihres Kindes ab, wann Sie ihm das Schreiben der Zahlen beibringen. Auch diese Fertigkeit ist bei jedem Kind unterschiedlich: Finn konnte z. B. schon mit dreieinhalb Jahren alles, was ein Kind normalerweise mit 11 Jahren kann (alle Zahlenreihen, Hunderter, Zehner und Einer; Multiplikation, Division, Addition, Subtraktion usw.), andere haben vor dem fünften Lebensjahr besonders mit den Zahlen 2 und 5 Schwierigkeiten, weil diese sich so ähneln. Von Anfang an müssen geschriebene Zahlen einen Bezug zum echten Leben haben, damit Ihr Kind erfolgreich nach

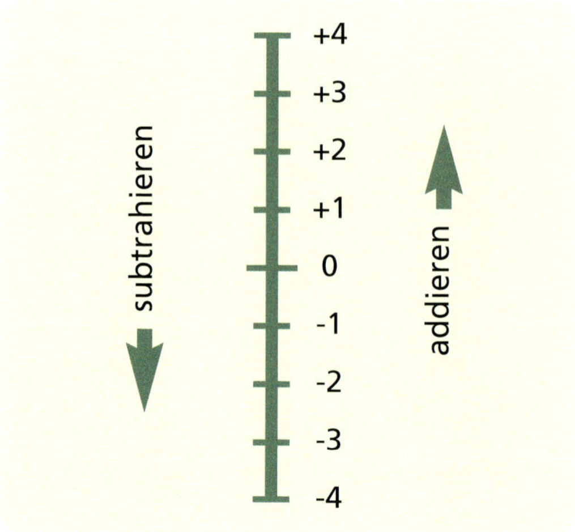


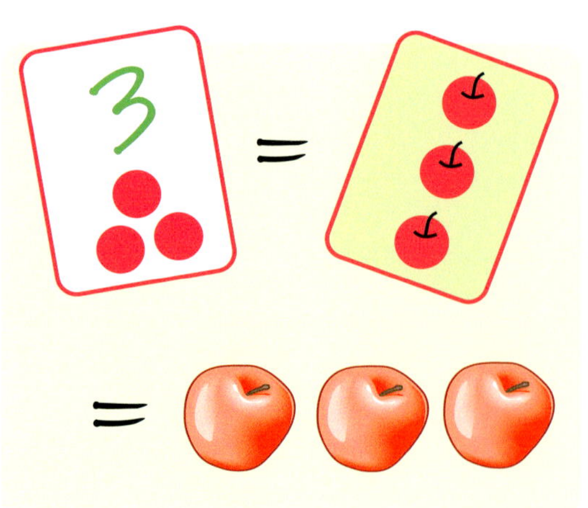

passenden Übereinstimmungen im Gehirn suchen kann. Zeichnen Sie Ziffern auf Zahlenkarten und darunter entsprechende Punkte oder andere einfache Symbole, die Ihr Kind zählen kann (s. Abb. oben). Nutzen Sie jede Gelegenheit, um Ihrem Kind einen visuellen Eindruck vom Wert jeder Zahl zu vermitteln, z. B. „Wie viele Leute stehen hier in der Schlange?" oder „Wie viele Menschen sitzen dort auf der Bank?"

## Addieren

Beim Spiel mit Holzklötzen kann man wunderbar das Addieren einfließen lassen. Während Sie die passenden Bausteine aufeinander zu einem Turm bauen, sagen Sie: „1 und 1 macht 2" oder „2 und 1 macht 3". Machen Sie auch diese kleinen Übungen nur ein paar Minuten am Tag, aber wiederholen Sie diese täglich, damit sich die Erfahrungen im Gehirn Ihres Kindes speichern. Sie merken selbst, wann es die Zahlen und Additionsergebnisse gut aus dem Gedächtnis abrufen kann und Sie mit einer weiteren Zahl fortfahren können, aber lassen Sie sich mit den Zahlen bis 5 Zeit, bis es sie richtig gut beherrscht. Große Zahlen kann man sich schwerer vorstellen, deshalb sollten alle rechnerischen Vorgänge mit kleinen Zahlen erklärt und die Symbole dafür (+, –, x, : ) erst ganz zum Schluss erklärt werden.

## Zahlenspiele

Wenn Ihr Kind lernt, wie man Zahlen schreibt, dann können Sie mit ihm Zahlenspiele (s. Abb. oben) spielen. Das Ziel ist dabei, das Zahlenlernen mit Spaß zu verbinden und die Abneigung gegenüber Mathematik erst gar nicht aufkommen zu lassen.

Würfeln Sie und fragen Sie Ihr Kind, welche Karte sich mit der Augenanzahl des Würfels deckt. Sie können statt des Würfels auch Ihre Finger hochhalten und es die passende Zahlenkarte finden lassen oder es bitten, die richtige Anzahl Knöpfe, Münzen o. Ä. auf die Zahlenkarte zu legen.

Draußen auf der Straße fragen Sie Ihr Kind, ob es die Zahlen bis 10 auf den Nummernschildern der Autos erkennt. Am besten fragen Sie es am Anfang, wie viele Autos es mit seinem eigenen Alter auf dem Schild sieht. Später wird es auch in der Lage sein, die Zahlen auf dem Nummernschild zusammenzuzählen oder umgekehrt zu denken: „Findest du ein Auto, dessen Zahlen man zusammenzählen kann und es kommt 8 heraus?" Das Spiel kann man natürlich auch mit Hausnummern spielen. Fragen Sie Ihr Kind, ob es die geraden und ungeraden Zahlen zusammenzählen kann, die sich in der Regel auf gegenüberliegenden Straßenseiten befinden.

## Mit Karten addieren

Wenn Ihr Kind soweit ist, können Sie üben, mit den Zahlenkarten zu addieren. Legen Sie zwei Karten aneinander (z. B. 1 und 2, siehe unten) und fragen Sie es: „Wie viel ist das zusammen?“

## Abzählreime und Addiergeschichten

Es gibt viele Abzählreime, die von Generation zu Generation weitergegeben werden, aber Sie können auch selbst eigene kleine Geschichten erfinden. Zeichnen Sie die Rechenaufgabe immer als kleine Geschichte, z. B. „Wenn ich zwei Katzen habe und mir dann in der Tierhandlung noch zwei Katzen dazukaufe, wie viele habe ich dann?“

Manche Abzählreime erzählen nebenbei eine kleine Geschichte, wodurch die Zahlen noch besser im Gedächtnis Ihres Kindes bleiben:

1, 2, 3, 4, 5,
der Storch hat keine Strümpf',
der Frosch kein Haus
und du musst raus.

Wenn es schon Seilspringen kann, dann machen ihm solche Reime bestimmt Spaß:

1, 2 – Polizei, *(Handgelenke überkreuzen)*
3, 4 – Offizier, *(salutieren)*
5, 6 – alte Hex', *(mit Fingern Hakennase bilden)*
7, 8 – gute Nacht, *(Hände ans Gesicht legen)*
9, 10 – auf Wiederseh'n, *(winken)*
11, 12 – böser Wolf, *(böse Grimasse ziehen)*
13, 14 – kleine Maus, *(klein machen)*
ich bin drin und du bist raus. *(erst auf sich, dann auf den Seilchendreher zeigen)*

## Einkaufen spielen

Spielen Sie mit Ihrem Kind „Kaufladen“: Kleben Sie an einige Spielsachen Aufkleber mit Zahlen bis 6 und stellen Sie aus Pappe einige Spielmünzen mit den gleichen Einheiten her, damit es die Münzen abzählen und den Preis für das Spielzeug herausfinden kann. Führen Sie noch keine 2er-, 5er- oder 10er-Münzeinheiten ein, denn dafür muss man schon Subtraktion und andere Rechenschritte kennen, beides kommt erst viel später an die Reihe.

## Formen

Erweitern Sie mit wachsendem Fortschritt auch die Formenkenntnisse Ihres Kindes. Wenn es schon dazu in der Lage ist, dann kann es jetzt für echte Gegenstände (Fenster, Pyramiden) die Formenbegriffe anwenden: Quadrat, Dreieck, Rechteck, Kreis, Kubus, Quader, Prisma, Pyramide, Walze und Kugel.

# Messen

Zwischen dem vierten und fünften Lebensjahr lernen die meisten Kinder auf spielerische Weise das Messen und bald auch die Uhrzeiten. Ihr Kind hat daran so viel Spaß, dass es bald alles in Ihrer Wohnung – von der Länge eines Raumes bis zum Gewicht eines Spielzeugs – ausmessen wird.

## Länge

Spielen Sie mit Ihrem Kind „Wie weit ist von hier …?" und zeigen Sie ihm dabei, wie man mit Schritten oder Fußlängen einen Raum ausmessen kann. Tischplatten kann man mit Handspannen und im Garten mit einer 1 m langen Messlatte aus festem Karton messen. Zeigen Sie ihm, was „ungefähr" bedeutet: „Es ist ungefähr 3 Schritte, 6 Füße, 2 Handbreiten lang!", sodass Ihr Kind ein Gefühl fürs Messen und Vergleichen von Längen bekommt: „Mein Arm ist länger als deiner!" oder „Der Garten ist größer als das Wohnzimmer!"

## Gewicht

Ihr Kind wird schnell verstehen, wie man etwas wiegt, wenn Sie es ihm z. B. mit Murmeln zeigen: „Dieser Teddy ist 12 Murmeln schwer!" oder „Das Spielzeugauto ist nur 6 Murmeln schwer!" Die Gegenstände werden dann der Reihe nach, von leicht bis schwer, geordnet.

## Raummaß und Volumen

Am leichtesten bekommt Ihr Kind ein Gespür für Volumen, wenn es mit Plastikbechern und Wasser spielt. Deshalb fragen Sie es in der Badewanne oder am Spülbecken, wie viele Tassen voll Wasser in ein größeres Gefäß passen, und lassen Sie es nach dem Ausprobieren die Gefäße nach Volumen oder Größe ordnen.

## Uhrzeiten

Sobald Ihr Kind die Zahlen bis 12 kennt, kann es die Uhrzeit lernen. Erstaunlicherweise wird das in vielen Schulen außerordentlich schlecht vermittelt. Ich habe 15-Jährige getroffen (viele ohne Schulschwierigkeiten), die nur volle Uhrzeiten nennen konnten. Andererseits habe ich den zwei Jahre alten Noah kennengelernt, der auf die Minute genau die Zeit sagen konnte („Es ist 2 Uhr und 48 Minuten!").

Damit das Konzept gut und leicht verstanden wird, muss es in diesen vier aufeinander aufbauenden Phasen beigebracht werden:

1. Erst die vollen Uhrzeiten lernen, bis sie verstanden sind,
2. dann die halben Stunden,
3. dann die Viertel-nach-Einheiten,
4. dann die Viertel-vor-Einheiten.

Hilfreich dabei ist eine Uhr mit großem Zifferblatt, deren Zeiger sich verstellen lassen. Ihr Kind kann sich die Uhrzeiten noch besser merken, wenn damit bestimmte Gewohnheiten verbunden werden können, z. B. Frühstück, Abendessen oder andere tägliche Rituale.

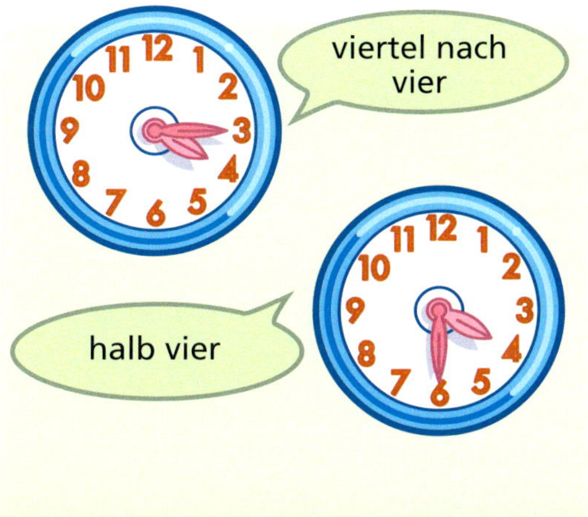

# Kreatives Spielen

Kinder im Vorschulalter sind von Natur aus kreativ und experimentieren gerne. Später, mit zunehmender Erfahrung, lernen sie auch, ein Vorhaben zu planen und auszuführen, und diese Fähigkeit können Sie durch verschiedene kreative Beschäftigungen unterstützen.

## Zeichnen, ausmalen und malen

In der Zwischenzeit sollte Ihr Kind eigentlich schon recht gut mit einem Stift umgehen und um Dinge herumzeichnen können. Vermutlich macht es mit Schablonen gerne Formen und malt sie aus. Kunst und Mathematik kann man mit Zahlenbildern verbinden, bei denen fortlaufende Zahlen mit einem Stift verbunden werden und ein Bild entsteht. Symmetrische Schmetterlingsbilder (s. S. 74) stellen auch eine Verbindung zur Mathematik her.

Lassen Sie Ihr Kind weiter Muster auf Papier zeichnen und mit Buntstiften oder feineren Wachsstiften ausmalen. Beim Experimentieren mit Formen kann es feststellen, dass einige Formen (Quadrate, Rechtecke, gleichschenklige Dreiecke) perfekt zusammenpassen.

## Ausschneiden

Zeigen Sie Ihrem Kind, wie es Bilder von Spielzeug, Pflanzen, Tieren und Menschen aus Katalogen und Zeitschriften ausschneiden und als Erinnerung in „Mein Album" kleben kann.

## Sammlungen

Das Album zeigt, wie Ihr Kind immer mehr seine nähere und weitere Umgebung erforscht. Von diesen Erkundungstouren können Kartenausschnitte, Postkarten oder sogar kleine flache Gegenstände wie Federn, Muscheln, gepresste Blumen oder Blätter eingeklebt werden. Beim Sprechen über all seine Erfahrungen und Erkenntnisse vergrößert sich zunehmend sein Vokabular und es lernt auch immer besser, die Namen für seine Sammelobjekte zu schreiben.

## Klebebilder

Machen Sie Ihrem Kind vor, wie es viele Dinge, die es sammelt, wie z. B. Muscheln, kleine Steine, Blätter, Holzstückchen, bunte Alufolie usw. auf feste Pappe kleben kann. Es könnte z. B. eine Gestalt zeichnen und diese dann mit seinen Sammelstücken dekorieren oder damit ein Muster auf die Pappe kleben.

## Modellieren

Mit etwas Hilfe von Ihnen kann Ihr Kind jetzt schon aus Modelliermasse kleine Figuren wie z. B. Blumen oder Kuchen formen. Mit Knete können jetzt auch schon Menschen, Autos, Tiere, Fantasiegestalten oder andere Alltagsgegenstände modelliert werden.

Wenn Sie zusammen Formen wie Kuben, Prismen oder Pyramiden gestalten, können Sie ein Teil durchschneiden und ihm damit zeigen, dass die dreidimensionalen Teile symmetrisch sind. Geben Sie ihm ein stumpfes Plastikmesser und lassen Sie es selbst schneiden und herausfinden, ob die anderen auch symmetrisch sind – aber machen Sie daraus keine große Sache.

## Bausätze/Basteln

In der Materialkiste kann alles sein: farbige Pfeifenreiniger, ineinander steckbare Plastikbauklötze oder fertige Bausätze. Selbst kleine Dosen können mit Ihrer Hilfe zu den tollsten Gebäuden oder Brücken umgewandelt werden.

## Rollenspiele und „So tun als ob"-Spiele

Kinder dieser Altersstufe lieben es, sich feinzumachen und das nachzuspielen, was sie gehört oder im Fernsehen, auf Video oder DVD gesehen haben. Ergänzen Sie deshalb die Verkleidungskiste mit Sachen, die es aus den Sendungen kennt, sodass es das Erlebte noch besser nachspielen kann. Beliebt sind auch Rollenspiele mit Polizisten, Postboten, Krankenschwestern, Ärzten oder geheimnisvollen Fernsehfiguren wie Geheimagenten.

Kleine Spielfiguren, besonders die aus den aktuellen Fernsehsendungen oder Filmen, sind genauso begehrt wie solche, mit denen sie Bauernhof, Zoo, Feuerwehr, Geschäft, Zuhause oder Schule nachspielen können. Kinder können für solche Spiele aber genauso gut Stöcke, Murmeln oder Steine in Spielfiguren verwandeln.

### Spielideen

- Lesen Sie Ihrem Kind eine Geschichte vor und fragen Sie es, ob es Ihnen die Geschichte wiedergeben oder einige bekannte Bezeichnungen, Verben und abstrakte Wörter daraus erklären kann.
- Schreiben Sie Ihrem Kind seinen Namen und seine Adresse auf und bitten Sie es, diese Sachen nachzuschreiben.
- Bitten Sie Ihr Kind, folgende Punkte zu zählen:

| | | | | |
|---|---|---|---|---|
| • | •• | ••• | •••• | ••••• |
| 1 | 2 | 3 | 4 | 5 |
| ••• ••• | ••• •••• | •••• •••• | •••• ••••• | ••••• ••••• |
| 6 | 7 | 8 | 9 | 10 |

- Testen Sie, ob Ihr Kind das hier schon addieren kann:

(•) 1 + (•) 1 =

(•) 1 + (••) 2 =

(••) 2 + (••) 2 =

- Bitten Sie Ihr Kind, die folgenden Buchstaben zu lesen:

**n s m l**

- Bitten Sie Ihr Kind, Ihnen die vollen Stunden auf der Uhr zu nennen.
- Bitten Sie Ihr Kind, Ihnen einige Farben im Haus zu zeigen und zu benennen.

# Spielzeug und Beschäftigungen

## Spielzeug, Puzzles und Spiele

- Dame
- erster Taschenrechner
- Rechenschieber (10 Reihen mit je 10 Perlen)
- Waage
- Bastelkästen
- Spielzeugkasse
- Magnete
- Laubsäge
- ABC-Wandtafeln
- Wörter- und Bilderkarten
- Uhr mit beweglichen Zeigern
- magnetische oder haftende Zahlen
- Wortfindungsspiele (Wörter mit Bildern)
- Lineal mit großen Messeinheiten
- Bausätze
- Druckkasten

## Lieder

- Drei Chinesen mit dem Kontrabass
- Mein Hut, der hat drei Ecken
- Jetzt fahr'n wir über'n See
- Dornröschen war ein schönes Kind

## Lustige Reime

Dunkel wars, der Mond schien helle,
schneebedeckt die grüne Flur,
als ein Wagen blitzeschnelle
langsam um die Ecke fuhr.

Drinnen saßen stehend Leute
schweigend ins Gespräch vertieft,
als ein tot geschossener Hase
auf der Sandbank Schlittschuh lief.

Und ein blond gelockter Jüngling
mit kohlrabenschwarzem Haar
saß auf einer blauen Kiste,
die rot angestrichen war.

Zwischen Berg und tiefem, tiefem Tal
saßen einst zwei Hasen,
fraßen ab das grüne, grüne Gras,
fraßen ab das grüne, grüne Gras
bis auf den Rasen.

Als sie sich nun satt gefressen hatten,
legten sie sich nieder,
bis dass der Jäger, Jäger kam,
bis dass der Jäger, Jäger kam
und schoss sie nieder.

Als sie sich nun aufgesammelt hatten
und sie sich besannen,
dass sie noch am Leben, Leben war'n,
dass sie noch am Leben, Leben war'n,
liefen sie von dannen.

## Filme

Hierzu gehören Märchenfilme, aber auch die Klassiker von Astrid Lindgren.

- Dornröschen
- Schneewittchen
- Aschenputtel
- Mary Poppins
- Dschungelbuch
- Pinocchio
- 101 Dalmatiner
- Michel von Lönneberga
- Lotta zieht um
- Wir Kinder aus Bullerbü

Mit diesen und ähnlichen Filmen baut sich Ihr Kind einen guten Fundus im Gedächtnis auf, von dem es später beim Geschichtenschreiben profitieren kann. Reden Sie nach dem Filmanschauen mit ihm über die Hauptdarsteller oder über einzelne Filmszenen und fragen Sie es nach seiner Meinung zu einigen Dingen im Film. Die Lieder zum Film sind in der Regel sehr eingängig und schnell mitzusingen.

## Bücher

Für vier- bis fünfjährige Kinder gibt es zwei Arten von Büchern zu empfehlen: solche, die Sie dem Kind vorlesen und solche, die Ihr Kind mit Ihnen selbst liest.

Für Bücher, die Ihr Kind mit Ihnen selbst liest, sind Leseanfängergeschichten oder Bilderbücher mit einfachen Wörtern genau richtig. Diese Bücher sollten nicht mehr als einen Satz pro Seite und viele bunte Illustrationen haben, die Ihr Kind faszinieren und eine Verbindung im Gehirn aufbauen. Wörter- und Bilderkarten und einfache ABC-Bücher sind weiterhin sehr nützlich, besonders dann, wenn Ihr Kind Schwierigkeiten mit der Aussprache eines bestimmten Buchstabens oder Wortes haben sollte

7

# Schulanfänger 5–7 Jahre

# Deutsch

Wie wir schon in den vorhergehenden Kapiteln gesehen haben, sind drei Phasen für das Lesenlernen ganz wichtig: Vorlesen, gute Aussprache und häufiger Gebrauch von Schlüsselwörtern. Das Ziel eines solchen, gut aufgebauten Lernsystems ist, sich gut und schnell an Informationen zu erinnern und Interesse zu wecken. Sobald Ihr Kind Fortschritte macht, wird das Lernprogramm ausgeweitet, um maximalen Erfolg zu gewährleisten. Diese Schritte werden jetzt erklärt:

## Lesen

Das Lernsystem für fünf- bis siebenjährige Kinder sieht so aus:

- Lesen Sie Ihrem Kind so oft wie möglich vor: ABC-Bücher, Kinderreime, Fingerspiele, Spiellieder, Märchen und andere einfache Geschichten. Wählen Sie Bücher mit interessanten Inhalten und Bildern und wenigen Zeilen pro Seite aus. Kinder interessieren sich in diesem Alter sehr für Geschichten aus dem wahren Leben: Zoo, Strand, Zuhause, Kindergarten, Bauernhof, Geschäfte usw.
- Ihr Kind liest Ihnen Bücher und Karten mit je einem Bild und Wort vor.
- Lesen Sie Ihrem Kind das phonetische Alphabet vor mit Bildern wie z. B. **„A wie Apfel"** oder **„B wie Banane"**, die es kennt.
- Wiederholen Sie einfache Wörter des phonetischen Alphabets wie z. B. **Mann, Käse, Hund** und üben Sie auch schon solche, die man zu Gruppen zusammenfassen kann wie z. B. **Kater, Käse, Kuss, Kiste**, die alle mit dem Buchstaben „K" anfangen.
- Schauen Sie mit Ihrem Kind häufig Bild/Textkarten und Bilderbücher mit einfachem Text an, in dem die folgenden Wörter oft vorkommen:
  **ich, er, sie, es, ein/eine, der/die/das, dieses, und, in, um, von, ist, war**.
- Kinder lernen Phrasen wie „Der Hund und die Katze" schnell lesen, wenn sie unter aufgeklebten oder herausklappbaren Bildern stehen. Suchen Sie nach solchen Büchern.

## Fortschritte machen

Ergänzen Sie dieses Lernprogramm mit anderen interessant gestalteten Büchern oder gestalten Sie selbst einige Seiten nach dem System. Probieren Sie ab und zu auch Wörter aus, die nicht zu den aufgeführten Schlüsselwörtern gehören, sich aber leicht von ihnen ableiten lassen, wenn dadurch interessante Geschichten erfunden werden können. Die Geschichte muss vier Elemente haben:

- Es muss viel geschehen,
- sie muss interessante Menschen haben,
- die Fantasie gut anregen
- und lustig sein.

In Leselernbüchern tauchen auch häufig folgende Schlüsselwörter auf, mit denen man gute Sätze bilden kann:

**du, sein, seines, wir, sie, alle, hatten, haben, sein, sind, sagte, als, für, am, an, auf, mit, aber, nicht, ein/eines, deshalb, auch.**

Zu diesen Wörtern kann ein fünfjähriges Kind schwer eine Verbindung herstellen, weil damit keine Erfahrungen in seinem Gehirn gespeichert sind. Sie können durch häufige Wiederholungen oder durch Eselsbrücken gelernt werden, indem Sie das Wort mit einem Gegenstand, den Ihr Kind schon kennt, verbinden

und damit ein geistiges Bild in seinem Gehirn aufbauen, z. B.:

Tasse und Untertasse
Messer und Gabel
ein Mann und sein Hund

Das Bild „Der Hund saß auf dem Auto!“ finden Kinder witzig und deshalb ist der dazu gehörende Satz mit dem Bild verbunden bald ein fester Bestandteil in ihrem Gehirn.

Ein Wort wie „auch“ kann sich Ihr Kind leicht mit einem Reim merken: Der Opa hat auch einen dicken Bauch. Bitten Sie Ihr Kind, seine Augen zu schließen und sich das Wort bildlich vorzustellen, es dann laut zu sagen und vielleicht sogar mit dem Finger in der Luft nachzuschreiben.

Sie können sein Gedächtnis mit ein paar ganz einfachen Übungen und Fragen trainieren:

- Welches Wort steht neben diesem Bild?
- Welcher Buchstabe fehlt hier, damit das Wort stimmt?
- Packen Sie Schlüsselwörter in kurze, aussagekräftige Sätze, z. B.: „Der Hund ist groß! Ist die Katze auch groß?“

## Buchstabenkombinationen

Wenn Ihr Kind alle Vokale und Konsonanten richtig aussprechen kann, dann können Sie langsam mit zwei Buchstabenkombinationen für Wortanfänge beginnen:

kl, kr, br, bl, dr, fl, gr, gl, pr, st, sp, tr, zw.

Danach folgen Kombinationen mit Vokalen:

ar, oo, ee, er, eu, au, ie, oh.

Anschließend kommen einige Wortendungen:

-ung, -en, -isse, -ick, -heit, -keit, -nis.

Am besten lernt Ihr Kind diese Wörter mit Bild- und Wortkarten und durch häufiges Üben. Die oben genannten Übungen können auch mit ihm bekannten Wörtern, Sätzen und Geschichten verbunden werden. Die Konsonantenverbindungen, die von Schulanfängern am häufigsten verwendet werden, sind auf dieser Seite aufgeführt.

| | | | |
|---|---|---|---|
| Haus | Vater | Garten | Mädchen |
| Baum | Auto | Boot | Schule |
| Blume | Zug | Mann | Nacht |
| Junge | Puppe | Mutter | Geschäft |
| Hund | Baby | Schnee | Katze |

Diese Wörter lernt Ihr Kind sehr schnell schreiben, weil es sie mit Bildern verbinden kann und sie schon relativ oft in Büchern gesehen hat. Das Wort „Schule“ können die meisten Kinder sehr schnell buchstabieren.

## Schreiben

Schreiben lernen geschieht durch folgende Lernschritte: Muster malen, einzelne Buchstaben (o und c am Anfang) kopieren und schließlich Zahlen nachzeichnen und im Sand nachschreiben. Darauf aufbauend kann Ihr Kind jetzt ein Bild malen, Ihnen die dazu passenden Worte oder gar kurze Sätze diktieren und diese dann selbst nachschreiben.

Eine fantastische Art, das kreative Schreiben und das Führen eines Tagebuchs anzuregen ist, Ihr Kind zu bitten, Ihnen einige wichtige Sachen, die am Tag passiert sind, zu diktieren. Fragen Sie, was in das Buch hinein soll und bitten Sie es, dazu ein kleines Bild zu zeichnen.

Schreiben Sie mit Ihrem Kind auch eine kleine Notiz: vielleicht einen Wunschzettel für das Christkind/den Weihnachtsmann oder eine kleine Nachricht an Verwandte. Schreiben Sie ihm nur die Wörter vor, nach denen es fragt. Anfangs werden seine Buchstaben über das ganze Blatt verteilt sein. Seien Sie unbesorgt, die richtige Form kommt von ganz allein.

## Rechtschreibung

Das Buchstabieren einzelner Wörter wird erst geübt, wenn Ihr Kind schon relativ sicher lesen kann. Am leichtesten lernt Ihr Kind kurze, einfache Wörter wie z. B. Mama, Papa, Opa, Oma, Hund oder Ball zu buchstabieren. Dann probieren Sie nach und nach Wortanfänge und die einfachen Wörter von Seite 89 aus. Ihr Kind lernt sehr effektiv, wenn es sich ein Wort genau anschaut, es dann abdeckt, sich bildlich vorstellt, es mehrmals hintereinander sagt und dabei das Wort immer wieder mit dem Finger in der Luft oder auf dem Tisch schreibt.

## Das Schreiben lernen fördern

- Lassen Sie Ihr Kind so oft wie möglich zuschauen, wenn Sie selbst schreiben, und sagen Sie ihm immer wieder, wie wichtig Schreiben ist, denn sonst würde es die Notwendigkeit nicht einsehen.
- Bitten Sie Ihr Kind, vor dem Einkauf eine Einkaufsliste zu schreiben. Anfangs werden Sie ihm dabei noch helfen müssen, aber Sie werden sehr schnell feststellen, dass es bald selbst durch die Schränke geht, um zu sehen, was gebraucht wird.
- Reden Sie nach jedem Vorlesen über das Gelesene. Wenn Ihr Kind daran Spaß hat, fragen Sie es, wie die Geschichte seiner Meinung nach ausgehen könnte.
- Lesen Sie ihm Gedichte oder Reime vor, um ihm zu zeigen, wie sich Worte reimen und wie sich Rhythmus anfühlt. Ermutigen Sie es, eine Liste mit Reimwörtern anzulegen. Mit sechs bis sieben Jahren können manche Kinder sogar schon eigene kleine Gedichte schreiben.
- Machen Sie mit Ihrem Kind Wortspiele und schreiben Sie einige Wörter auf, bei denen Buchstaben verdreht sind. Ihr Kind kann dann versuchen, die Lösung zu finden.
- Verwenden Sie Wörter, die wie Ihre Handlung klingen, z. B. brüllen oder spritzen. Bitten Sie Ihr Kind, die Worte zu betonen, während es sich die Handlung vorstellt.
- Bringen Sie ihm auch längere Wörter wie Langlebigkeit, Symmetrie oder Erlösung bei. Erklären Sie ihm erst die Bedeutung der Wörter und lassen Sie es dann mit diesem Wort einen Satz bilden.

# Wörter zum Buchstabieren üben (kurze Wörter mit wohlklingenden Vokalen)

Mit dem Buchstabieren sollte man erst anfangen, wenn das Kind schon gut lesen kann. Wenn Ihr Kind in einem guten Kindergarten (Vorschule) war, dann sollten ihm mit sechs oder sieben Jahren die beiden ersten Wortgruppen keine großen Schwierigkeiten machen. Üben Sie auch die Schlüsselwörter und Wörter, die man häufig schreibt.

### 1. Gruppe mit „a"-Vokal

| | | | |
|---|---|---|---|
| Schal | Wal | Tal | Mal |
| Sand | Wand | Band | Hand |
| Bad | Pfad | Rad | Stadt |

### 2. Gruppe mit „e"-Vokal

| | | | |
|---|---|---|---|
| der | wer | er | schwer |
| leer | Meer | Teer | Heer |
| mehr | sehr | | |

### 3. Gruppe mit „i"-Vokal

| | | | |
|---|---|---|---|
| Kind | Wind | Rind | sind |
| wir | mir | dir | |
| Tier | hier | vier | |

### 4. Gruppe mit „o"-Vokal

| | |
|---|---|
| Tor | vor |

### 5. Gruppe mit „u"-Vokal

| | | |
|---|---|---|
| Mutter | Futter | |
| Mut | Wut | Hut |

### Wörter, die mit Doppelkonsonanten beginnen

Diese Wörter sind relativ leicht zu lernen, wenn das Kind mit den Wörtern eine Erfahrung oder Bilder verbindet oder wenn man sie in Reime packt.

| | | |
|---|---|---|
| greifen | grinsen | graben |
| klatschen | klammern | klagen |
| kratzen | kramen | kritzeln |
| blubbern | bluten | blitzen |
| drehen | drücken | drängeln |
| flimmern | flunkern | flitzen |
| fragen | froh | frech |
| glänzen | glücklich | gluckern |

### Wortmitten

| | | |
|---|---|---|
| Regen | legen | fegen |
| Seife | Reifen | kneifen |
| Staub | Laub | |
| warten | starten | |

### Wortendungen

| | | |
|---|---|---|
| Busch | Fisch | Tisch |
| Kuss | muss | Schluss |
| Sing | Ring | Ding |
| krank | Bank | Schrank |

### Das magische „h"

Dieser Buchstabe macht aus einem kurzen Wort ein langes.

| | |
|---|---|
| Meer | mehr |
| See | sehr |
| leer | lehr |

# Mathematik

Es ist ganz wichtig, dass Ihr Kind von Anfang an Mathematik nicht mit einem Gefühl von Versagen verbindet. Die meisten Versagensgefühle entstehen schon in den ersten beiden Schuljahren, und um das zu verhindern, sollte man so lange wie möglich abstrakte Begriffe mit anschaulichen oder konkreten Beispielen erklären. Dazu eignen sich echte Gegenstände, Bilder, Diagramme, Zahlenreihen, alles, womit man richtig zählen kann, damit die Zahlen mit Bildern in Verbindung gebracht werden.

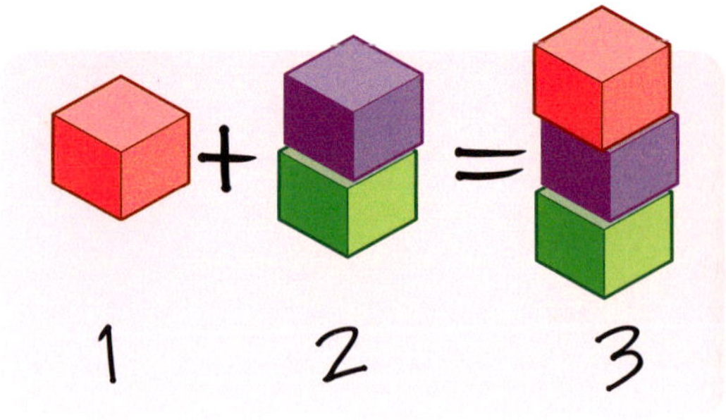


## Addieren

Addieren kann sehr gut mit Karten oder Holzklötzen erklärt werden und mit den Fingern lässt sich wunderbar bis 10 zählen. Trotzdem muss irgendwann einmal der Punkt kommen, an dem reale Gegenstände durch abstrakte Symbole ersetzt werden.

Durch Zählen wird im Gehirn eine Verknüpfung hergestellt, die konkrete Gegenstände in Zahlen umwandelt, aber das Zeichen „+“ muss so verknüpft werden, dass es als Zeichen für „Dinge zusammenpacken“ abrufbar wird. Das Gleiche gilt für „=“, das im Gehirn Ihres Kindes sofort für „das ist das Gleiche wie“ oder „macht/ergibt/ist“ aufgerufen werden kann. Es braucht nur ein paar Mal mit einer kurzen Zahlenreihe (0 – 5) üben, schon kann es das:

Für $2 + 3 = 5$

nehmen Sie eine senkrechte Zahlenreihe, zeigen auf die 2, zählen von dort 1 und zeigen auf die 3, zählen 2 und zeigen auf die 4, zählen 3 und gelangen zur 5.

### Zahlenverknüpfungen

Ein Kind kann sein Tempo beim Ausrechnen erhöhen, wenn es sehr schnell die Ergebnisse kleiner Rechnungen wie z. B. $2 + 3 = 5$, $4 + 5 = 9$ usw. abrufen kann. Solche Kenntnisse sind für spätere Rechenaufgaben sehr nützlich.

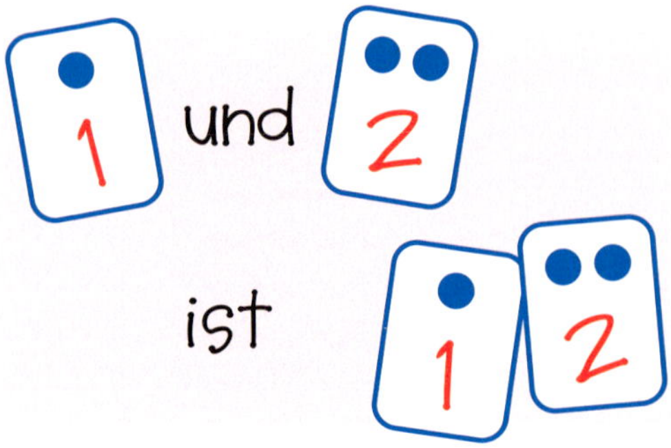


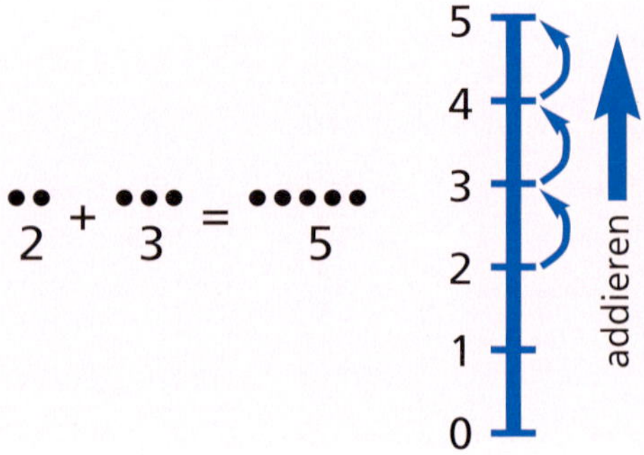

Beispiel:

3 x 8 = 8 x 3

38 + 23 = 23 + 38 = 61
und 61 – 23 = 38 und 61 – 38 = 23

Wenn Ihr Kind dieses Konzept verstanden hat und anwenden kann, dann kann es diese Methoden auch im normalen Leben anwenden, z. B. beim Umgang mit Geld und Wechselgeld oder beim Messen von Sachen.

### Veränderungen

Die wichtigste Variation ist wohl, vom horizontalen Rechnen zum Vertikalen zu wechseln. Einigen Kindern fällt das schwer und sie müssen ihr Gehirn gut durchforschen, um etwas Passendes zu finden, auf das sie aufbauen können, denn jedes Rechenformat braucht ein anderes geistiges Bild und muss so einfach wie möglich erklärt werden. Üben Sie weiterhin die alten Rechenmethoden, damit Ihr Kind die Zuversicht bekommt, dass es das Neue auch verstehen wird, weil es auch das „Alte" verstanden hat.

## Subtrahieren

Reime helfen vielen Kindern zu verstehen, dass Subtrahieren nichts anderes als „Wegnehmen von Sachen" bedeutet. Spielen Sie mit Ihrem Kind dieses einfache Fingerspiel:

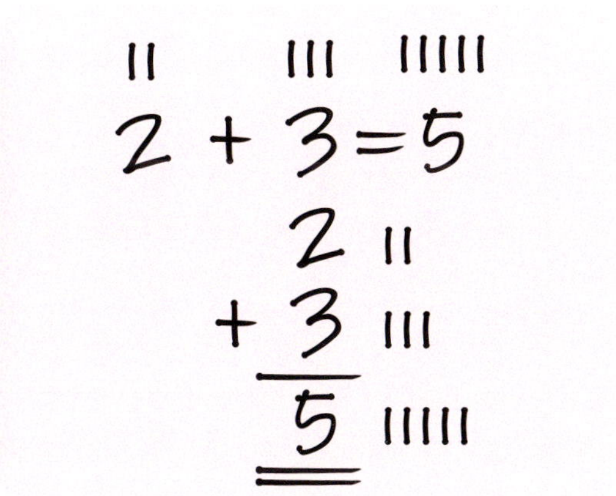


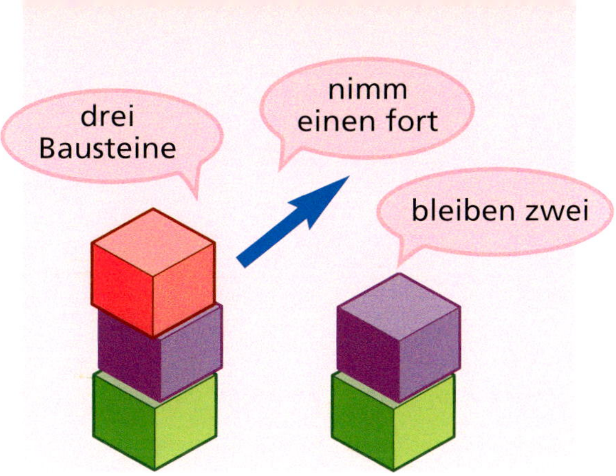


**Zwei kleine Täubchen saßen auf einem Dach.
Das eine fliegt weg,
das andere fliegt weg.
Das eine kommt wieder,
das andere kommt wieder,
da sitzen beide Täubchen wieder.**

(Sie kleben sich jeweils ein kleines Stückchen Papier auf beide Zeigefinger = die Täubchen. Die beiden Zeigefingertäubchen sitzen auf der Tischkante. Beim „Wegfliegen" klappen Sie die Zeigefinger in die Hand.)

Für abstrakte Symbole etwas Bekanntes im Gedächtnis zu finden, ist für viele Kinder schwierig. Machen Sie es Ihrem Kind mit den Fingern deutlich: 3 minus 2 bedeutet: Sie haben 3 Finger, klappen 2 davon ein und es bleibt 1. Dann zeigen Sie Ihrem Kind, wie diese Rechnung auf dem Papier aussieht: „Anstelle der Finger nehmen wir jetzt 3 Punkte!"

OOO

„Dann nehmen wir zwei Punkte weg! Die streichen wir jetzt einfach durch. Wie viele Punkte bleiben dann?"

OØØ

Als nächstes werden die Punkte ersetzt: „Statt der drei Punkte schreiben wir die Zahl 3 für 3 Punkte, dann schreiben wir das Zeichen für Wegnehmen und dann die Zahl 2, weil wir 2 Punkte wegnehmen. Und dann haben wir …

3 – 2 = 1

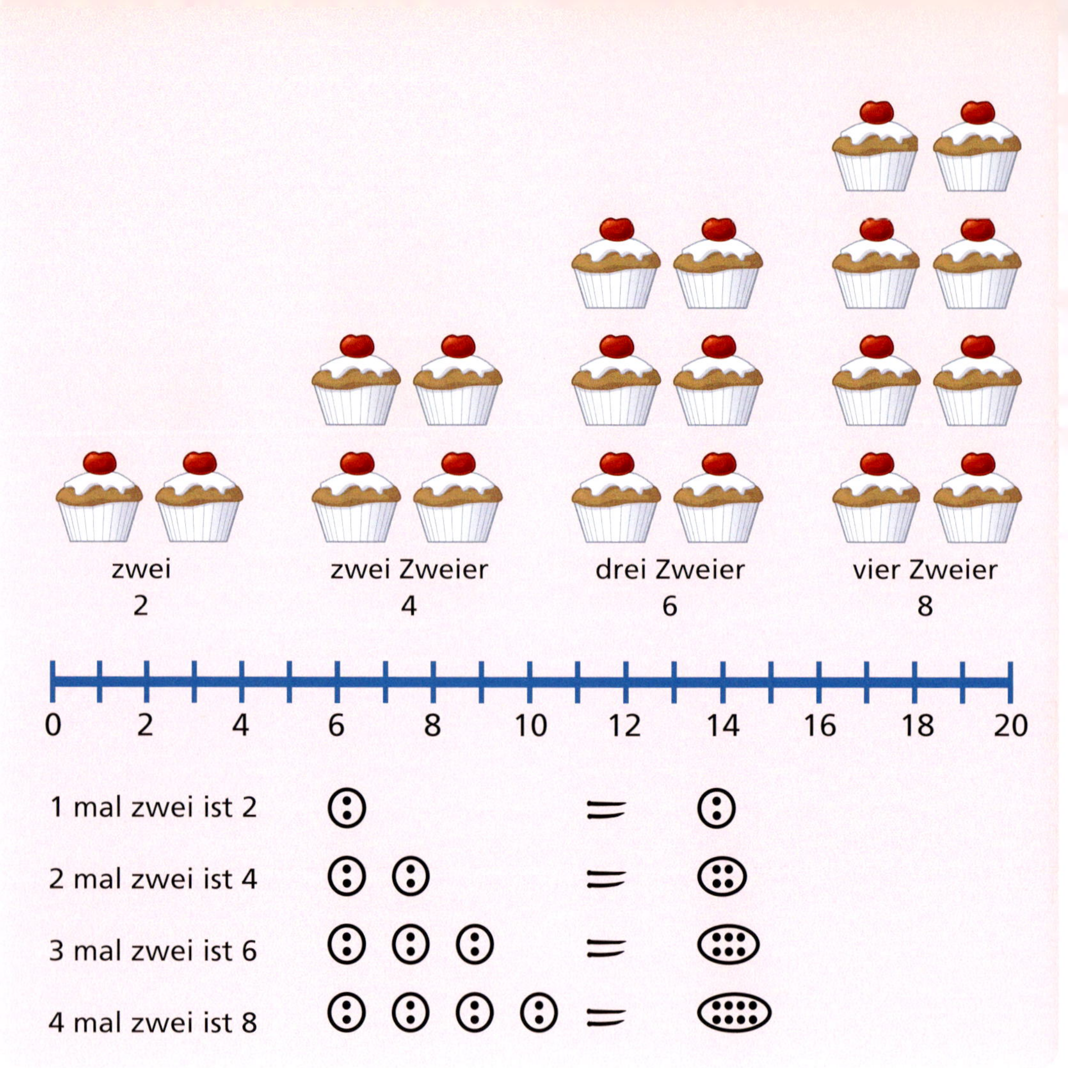


## Das kleine 1 x 1

Genau wie beim Addieren und Subtrahieren werden auch hier Gegenstände verwendet, um dem Kind das Konzept anschaulich zu machen. Versuchen Sie auch hier, Bilder mit den jeweiligen Zahlen zu verknüpfen, damit es sich leicht an die Ergebnisse erinnern kann.

Mit der Zweierreihe können Sie Ihrem Kind gerade und ungerade Zahlen erklären. Malen Sie die Zahlen bis 20 auf eine Karte (s. S. 65: die geraden grün, die ungeraden rot), zeigen Sie ihm daran, dass die Zahlen abwechselnd gerade und ungerade sind und dass eine ungerade Zahl gerade wird, wenn man „+ 1“ hinzufügt. Dieses visuelle Bild hilft ihm später, andere Zahlenmuster zu erkennen.

## Zeit

### Wochentage und Monatsnamen

Helfen Sie Ihrem Kind, die richtige Reihenfolge und Aussprache zu lernen. Das geht am besten durch Wiederholung, aber auch durch einfache Lieder wie das Folgende:

Hier ist Hans-Jörg Ronschack,
geboren am Montag,
getauft am Dienstag,
getraut am Mittwoch,
erkrankt am Donnerstag,
schlimmer wurd's am Freitag,
gestorben am Samstag,
beerdigt am Sonntag.
Das war Hans-Jörg Ronschack.

Mit diesem Vers können sich Kinder die Monatsnamen recht gut merken:

30 Tage haben September,
April, Juni und November,
alle anderen haben 31,
nur der Februar allein
hat nur 28 Tage
und 29 alle vier Jahre.

## Die Uhrzeit

Wie Ihr Kind die Uhrzeit lernen kann, wurde schon im vorhergehenden Kapitel erklärt, aber viele Kinder lernen die Uhrzeit zwischen dem fünften und siebten Lebensjahr, deshalb hier eine kleine Wiederholung der Lernschritte:

1. Zeigen Sie Ihrem Kind anhand einer Uhr oder einem Pappmodell mit beweglichen Zeigern, dass es einen langen Zeiger, der die Minuten anzeigt, und einen kurzen Zeiger für die Stunden gibt. Der Minutenzeiger läuft schneller als der Stundenzeiger.
2. Zuerst werden die vollen Stunden geübt.
3. Dann üben Sie die halben Stunden.
4. Danach die „ein Viertel nach".
5. Zum Schluss die „ein Viertel vor".

Wenn Ihr Kind diese Begriffe verstanden hat, können Sie ihm erklären, dass jede Stunde 60 Minuten, jede halbe Stunde 30 Minuten hat, dass es bis zum Viertel-nach-Anzeiger 15 Minuten und bis zum Viertel-vor-Anzeiger 45 Minuten sind. Das Letztgenannte wird über mehrere Etappen gelernt, weil das relativ schwer zu behalten ist. Wenn Ihr Kind schon das 1 x 5 kann, wird ihm das Uhrzeitlesen sehr viel einfacher fallen.

## Einfache Brüche

Erklären Sie Ihrem Kind, was „halb" bedeutet (und dass zwei Hälften ein Ganzes sind), indem Sie einen symmetrischen Gegenstand wie z. B. Kuchen, Törtchen, Orangen oder Äpfel durchschneiden und auch Fotos und andere Schaubilder davon zeigen.

Wenn es die Idee von „halb" verstanden hat, können Sie Ihrem Kind auch erklären, dass die Hälfte von einem Halben ein Viertel ist und dass vier Viertel ein Ganzes ergeben.

## Geld

Der Geldwert muss auch etappenweise erklärt werden:

1. Zuerst üben Sie mit Ihrem Kind mit 1-Cent-Münzen. Spielen Sie mit ihm „Geschäft" und lassen Sie es nur damit bezahlen.
2. Wenn Sie 2-Cent Münzen einführen, klopfen Sie immer zwei Mal auf den Tisch.
3. Dann führen Sie die 10-Cent Münzen ein. Auch hier klopfen Sie wieder so oft auf den Tisch, wie es die Einheit verlangt. Wenn Ihr Kind das Konzept verstanden hat, können Sie „Wechselgeld herausgeben" üben. Kaufen Sie immer nur ein Objekt und machen Sie es preiswert (der Teddy kostet 4 Cent), damit Ihr Kind sicher wird.

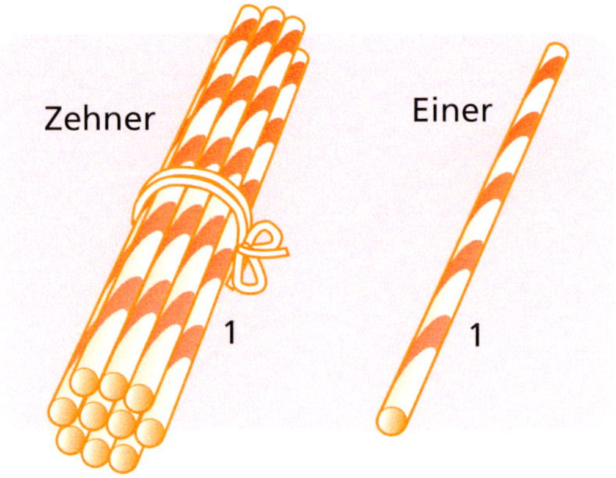

## Zehner und Einer

Durch Zehner und Einer lernt Ihr Kind schnelles Zählen. Probieren Sie Folgendes aus:

- Stapeln Sie 11 Gegenstände, z. B. Holzklötze, ungeordnet auf.
- Bitten Sie Ihr Kind, 10 davon herauszuholen und damit einen Turm zu bauen (nebeneinanderzulegen).

Sagen Sie ihm dann: „Das ist ein Zehner-Stapel und ein Einer-Stapel!" Dann schreiben Sie die abstrakte Formel dazu auf:

| ZEHNER | EINER | |
|---|---|---|
| 1 | 1 | ist 11 |

Mit Knöpfen und anderen kleineren Gegenständen kann man dieses Konzept auch gut erklären. Strohhalme eignen sich besonders gut, weil man sie mit einem Gummi oder Faden zusammenbinden kann.

Das Spiel wird dann mit 12, 13, 14, 15, ... fortgesetzt.

Dann erklären Sie Ihrem Kind, wie es mit mehr als 20 Gegenständen zwei „Zehner"-Stapel machen kann (s. S. 108–109), damit es später größere Summen zusammenrechnen kann.

## Messen

Messen kann Ihr Kind am besten in folgenden Etappen verstehen:

Fangen Sie mit den Begriffen Entfernung, Gewicht und Volumen an, verwenden Sie dabei aber noch keine Maßeinheiten. Wir wissen ja schon vom 6. Kapitel, dass Entfernungen auch durch Handspannen oder Schritte, Gewicht mit Murmeln oder Bauklötzen auf einer Waage und Volumen durch „Tassen voll" gemessen werden können.

Wenn diese Phase erfolgreich durchlaufen ist, erklären Sie Ihrem Kind Folgendes:

### Länge

Nehmen Sie ein Lineal, auf dem die Skala nicht nur durch Striche angedeutet, sondern durch farbige Felder gekennzeichnet ist. Zeigen Sie ihm, wie man damit messen kann.

### Gewicht

Ersetzen Sie die Murmel durch richtige Gewichte, allerdings alle mit der gleichen Einheit, sodass Ihr Kind nur zu sagen braucht: „Das Buch wiegt 8 Gewichte!"

### Volumen

Ersetzen Sie die Plastikbecher, die Ihr Kind bis jetzt verwendet hat, mit einem Messbecher. Ihr Kind lernt dann zu sagen: „Sechs Maßeinheiten füllen beinahe einen Plastikkrug."

Es muss jetzt noch nicht exakt messen können, genaue Bezeichnungen lernt es erst, wenn es Hunderter-, Zehner- und Einer-Einheiten gut kennt, aber diese Annäherung hilft ihm später sehr, weil es schon verstanden hat, worum es beim Messen geht.

## Formen

Das Erkennen und Benennen von Formen hat sich zwischen dem fünften und siebten Lebensjahr gefestigt. Ihr Kind sollte jetzt in der Lage sein, folgende Formen zu kennen:

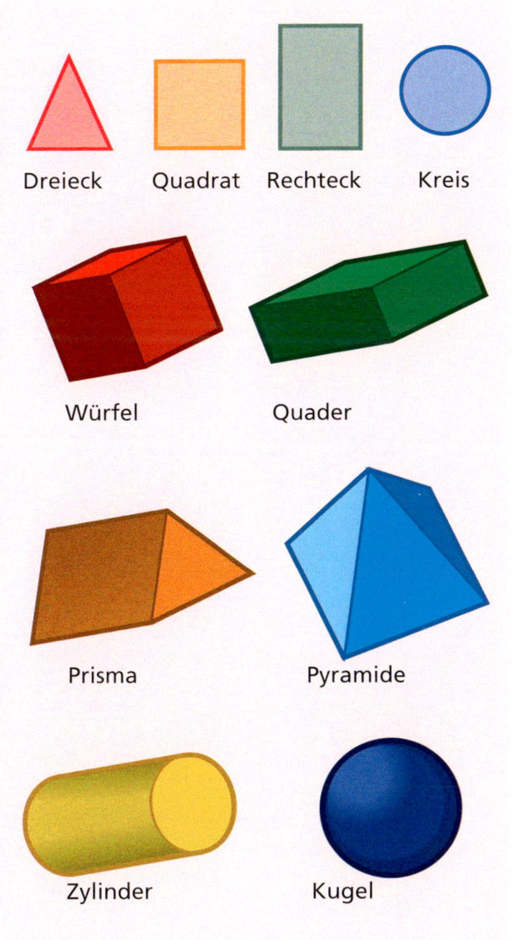


## Spiegelungen

Wenn Ihr Kind jetzt schon lernt, symmetrische Formen zu erkennen, und ihm bewusst ist, dass es Spiegelbilder und andere sich wiederholende Muster gibt, kann es später diese mathematischen Vorgänge viel besser verstehen. Mit den Schmetterlingsbildern (s. vorhergehende Kapitel) haben Sie es schon mit Spiegelungen vertraut gemacht. Zeigen Sie Ihrem Kind jetzt die folgenden Buchstaben und Bilder.

## Winkel

Sie können Ihrem Kind mithilfe eines Kompasses oder sogar mit einer Tür, die man zur Wand hin öffnet, deutlich machen, was ein Winkel ist: Je weiter die „Zeiger" auseinander sind, desto größer ist der Winkel.

Drehung und Richtungsanzeiger des Kompasses stellen eine Verbindung zum Winkel her: Markieren Sie die vier Himmelsrichtungen eines Kompasses auf einem großen Papierbogen und stellen Sie Ihr Kind genau in die Mitte. Wenn es sich jetzt langsam von Norden nach Osten, von Süden nach Westen dreht, kann es selbst erleben, was „Drehung" bedeutet.

# Naturwissenschaften

Im letzten Kapitel ist dieses Gebiet ja schon ein klein wenig angeschnitten worden und jetzt können die Kenntnisse erweitert werden. Bauen Sie auf die Erfahrungen Ihres Kindes auf und vertiefen Sie sein Wissen durch Details, wissenschaftlichere Begriffe und längere Sätze.

## Wachstum

Säen Sie Samen auf feuchtes Sägemehl oder feuchte Erde und stellen Sie den Behälter dann auf die Fensterbank. Der Samen wird schnell keimen und Ihr Kind kann die Entwicklung jeden Tag verfolgen und die Keimphasen malen oder sogar darüber schreiben. Sie können ihm auch etwas über Wurzeln, Stängel und Blätter erzählen und einen Bezug zu Bäumen, Blumen und Gras herstellen.

Kann Ihr Kind irgendwo beobachten, wie ein Kätzchen oder Welpe zum ausgewachsenen Tier heranwächst oder gibt es in der Nähe einen Zoo oder einen Bauernhof, wo es andere Jungtiere aufwachsen sehen kann? Sonst suchen Sie eine Fernsehsendung dazu aus.

## Die Vielfalt des Lebens

Jetzt können Sie mit Ihrem Kind auch schon Kinderlexika studieren: Bücher über Vögel, den Zoo, den Strand, Naturphänomene und Vieles mehr.

Lassen Sie es im Garten oder Park nach ganz verschiedenen Tieren suchen, z. B nach Ameisen, Käfern, Asseln, Spinnen, Raupen oder Marienkäfern. Es ist ganz wichtig, dass Sie die Fragen Ihres Kindes beantworten und kleine Extra-Informationen einbauen wie z. B. den Namen des Tieres, wo es lebt oder was es gerne isst. Eine Artenzuordnung ist nicht nötig. Sammeln Sie gemeinsam Bilder von den Tieren und Pflanzen, die Sie bei diesen

Exkursionen gesehen haben, damit die Informationen besser im Gedächtnis gespeichert werden. Das können Bilder sein von:

- Würmern, Insekten, Spinnen, Schalentieren, Fischen, Amphibien, Reptilien, Vögeln oder Säugetieren. Achten Sie darauf, dass Ihr Kind alle Tiere wieder in ihr natürliches Umfeld zurückbringt.
- Moosen, Farnen, Algen, Blumen, Bäumen (blühenden und Zapfen tragenden).

Machen Sie Ihr Kind auch darauf aufmerksam, wie gefährlich Bienen und Wespen sein können und dass manche Pflanzen giftig sind.

### Menschen unterscheiden sich

Erklären Sie Ihrem Kind, wodurch sich Menschen unterscheiden:

Augenfarbe, Haarfarbe,
Gestalt, Größe,
Form der Hände/Füße,
Hautfarbe,
Unterschied von Kind und Erwachsenem.

## Feste Masse, Flüssigkeiten und Gase

Wenn Sie Ihrem Kind erklären wollen, dass bei unterschiedlichen Temperaturen Substanzen entweder fest, flüssig oder gasförmig sein können, erhitzen Sie einen Eiswürfel in einem Topf, bis er schmilzt, und lassen das Wasser weiterkochen, bis es nach und nach verdampft.

## Wissensgebiete

- Körperteile
- Gesundheit und Hygiene
- Kräfte
- Umweltbewusstsein
- Materialien zuordnen
- Jahreszeiten
- Wetter

Die eigenen Erfahrungen zu diesen Wissensgebieten können Sie durch ausgezeichnete Bücher ergänzen. Nach und nach kann Ihr Kind auch schriftlich festhalten, was es alles entdeckt, das kann in Form von Piktogrammen, als Tagebucheintrag oder als Beitrag in seinem Album sein.

# Aufgaben

## Deutsch

### Nr. 1

A Bitten Sie Ihr Kind, die Buchstaben des Alphabets zu lesen. Es kann sie auch singen, muss aber dabei auf die richtige Aussprache achten.

B Bitten Sie Ihr Kind, das Alphabet in Klein- und Großbuchstaben zu schreiben.

C Bitten Sie Ihr Kind, seinen Namen und seine Adresse zu schreiben.

D Bitten Sie Ihr Kind, die unten genannten Sachen zu benennen. Fragen Sie es jedes Mal: „Was ist das?“

**Am Körper**
Schultern, Fußgelenk, Handgelenk, Wange, Kinn, Bauch, Brust, Augenbrauen, Wimpern

**Im Raum**
Sofa, Vase, Pfanne, Lampe, Stuhl, Tisch, Fernseher, Bücher, Regal

**Lebensmittel**
Zwiebel, Möhre, Kohl, Tomate, Zitrone, Weintrauben, Brot, Nudeln, Kartoffeln, Konservendosen

### Nr. 2

A Bitten Sie Ihr Kind, diese Wörter laut vorzulesen:

| | | | | |
|---|---|---|---|---|
| Mann | zehn | Brot | Topf | sitzen |
| der | und | hier | war | gehen |
| in | Auto | Bus | Baum | |

B Bitten Sie Ihr Kind, folgende Handlungen vorzumachen oder zu erklären: hüpfen, graben, schrubben, polieren

C Bitten Sie Ihr Kind, folgende Wörter zu erklären: warm, ein Nickerchen, lehnen, Schnee, Baum, Elefant. (An den Antworten erkennen Sie seinen Wissensstand und wie es Sprache beherrscht.)

D Bitten Sie Ihr Kind, die richtigen Bezeichnungen den passenden Bildern zuzuordnen:

Auto Baum Haus

### Nr. 3

A Bitten Sie Ihr Kind, die richtigen Bezeichnungen den passenden Bildern zuzuordnen:

Mond Teller Fuß Krone Mütze

B Bitten Sie Ihr Kind, die folgenden Bezeichnungen im Gesicht zu zeigen:

Haare Auge Nase Ohr Mund

C Bitten Sie Ihr Kind, diese Wörter zu lesen:

Er um von war dass und der/die/das

## Nr. 4

A Bitten Sie Ihr Kind, die richtigen Bezeichnungen den passenden Bildern zuzuordnen:

| | | | |
|---|---|---|---|
| Apfel | Tisch | Gabel | Kinderwagen |
| Stuhl | Löffel | Gras | Schaukel |
| Frosch | Essen | Stiefel | Schiff |
| Tür | Bürste | Fernseher | |

B Bitten Sie Ihr Kind, die folgenden Wörter laut zu lesen:

| | | | | |
|---|---|---|---|---|
| wie | am | sein | aber | alle |
| mein | gehen | auf | sind | weit |
| hatte | haben | er | sein | heiß |
| eins | gesagt | sehen | einige | |
| deshalb | sie | gingen | | |

## Nr. 5

A Bitten Sie Ihr Kind, Ihnen ein einfaches Bilderbuch vorzulesen und zu erklären, was auf jeder Seite geschieht. Nach dem Vorlesen fragen Sie es, worum es in der Geschichte ging.

B Bitten Sie Ihr Kind, die folgenden Wörter abzuschreiben:

| | | | |
|---|---|---|---|
| Haus | Vater | Garten | |
| Mädchen | Baum | Auto | Boot |
| Schule | Blume | Zug | Mann |
| Nacht | Junge | Puppe | Geschäft |
| Mutter | Hund | Baby | Schnee |

C Bitten Sie Ihr Kind, die richtigen Bezeichnungen den passenden Bildern zuzuordnen (es gibt nicht zu jedem Wort ein Bild):

| | | |
|---|---|---|
| laufen | rennen | springen |
| graben | heiß | kalt |
| groß | klein | hoch |
| runter | traurig | glücklich |

## Nr. 6

A Zeigen Sie auf bestimmte Körperteile und bitten Sie Ihr Kind, diese zu benennen:
**Mund, Lippen, Hand, Arm, Ellbogen, Handgelenk, Fuß, Bein, Fußgelenk, Schulter, Knie, Hals, Brust, Bauch, Kinn, Wange, Augenbraue, Wimper, Stirn**

B Bitten Sie Ihr Kind, die Zahlen in Worten unter die Nummern zu schreiben. Bei der ersten Ziffer sieht es, wie es gemeint ist:

| 1 | 2 | 3 | 4 | 5 |
|---|---|---|---|---|
| eins | _ | _ | _ | _ |

| 6 | 7 | 8 | 9 | 10 |
|---|---|---|---|---|
| _ | _ | _ | _ | _ |

Diese Wörter soll es zuordnen:

**zwei fünf sechs drei acht**
**neun sieben vier zehn**

C Bitten Sie Ihr Kind, die richtigen Bezeichnungen den passenden Bildern zuzuordnen:

**Tisch Stuhl Apfel Auto Schaukel**
**Gabel Tür Bürste Fernseher**

D Bitten Sie Ihr Kind, folgende Wörter zu buchstabieren:

| | | | |
|---|---|---|---|
| Katze | Matte | Hut | Ratte |
| Papa | traurig | Mütze | saß |
| am | Pfanne | Marmelade | |

E Bitten Sie Ihr Kind, die Wochentage in der richtigen Reihenfolge aufzuschreiben und mit Sonntag anzufangen:

**Dienstag Freitag**
**Montag Samstag**
**Donnerstag Mittwoch**
**Sonntag**

F Bitten Sie Ihr Kind, im Haus Gegenstände mit diesen Farben zu entdecken:
Rot, Orange, Gelb, Grün, Blau, Purpurfarben, Schwarz, Weiß, Grau.

# Mathematik

## Nr. 1

A Bitten Sie Ihr Kind, diese Punkte zu zählen:

• •• ••• •••• •••••

B Bitten Sie Ihr Kind, die Bezeichnungen dieser Formen zu nennen.

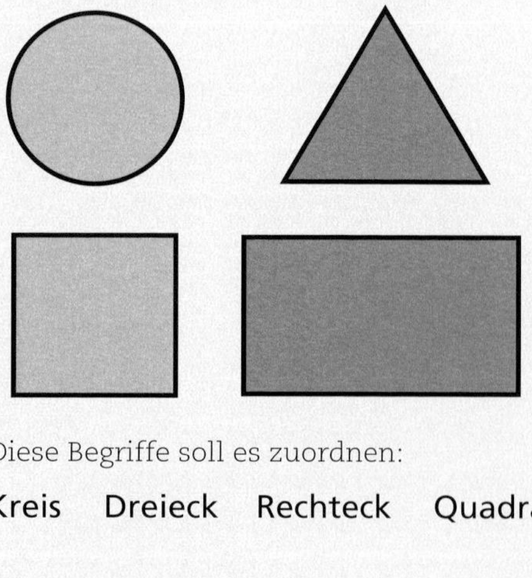

Diese Begriffe soll es zuordnen:

**Kreis Dreieck Rechteck Quadrat**

## Nr. 2

A Bitten Sie Ihr Kind, diese Buchstaben zu zählen:

ffffff
uuuuuuu
bbbbbbbbb
nnnnnnnn
eeeeeeeeeee

B Bitten Sie Ihr Kind, diese Zahlen abzuschreiben:

1 2 3 4 5 6 7 8 9 10

11 12 13 14 15 16 17 18 19 20

## Nr. 3

A Bitten Sie Ihr Kind, die Bilder jeder Reihe zu zählen:

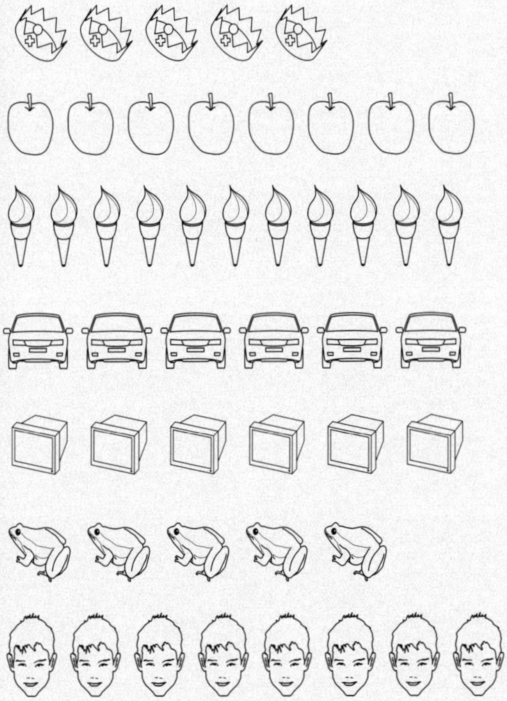

B Wie viel ist das zusammen?

• und •• ist ______

•• und ••• ist ______

## Nr. 4

A Bitten Sie Ihr Kind, diese Quadrate zu zählen:

❒ ❒ ❒ ❒ ❒
❒ ❒ ❒ ❒ ❒
❒ ❒ ❒ ❒ ❒ ❒ ❒

B Bitten Sie Ihr Kind, diese Zahlen zu addieren:

| | | |
|---|---|---|
| 1 + 1 = __ | 2 + 1 = __ | 3 + 1 = __ |
| 2 + 2 = __ | 3 + 2 = __ | 4 + 2 = __ |
| 3 + 3 = __ | 4 + 3 = __ | 5 + 3 = __ |
| 5 + 5 = __ | 5 + 4 = __ | 4 + 4 = __ |
| 6 + 1 = __ | 6 + 2 = __ | 6 + 3 = __ |

## Nr. 5

A Bitten Sie Ihr Kind, diese Aufgaben auszurechnen:

| | | | | |
|---|---|---|---|---|
| ••••• <br> 5 | + | •••••• <br> 6 | = | ______ |
| •••••• <br> 6 | + | •••••• <br> 6 | = | ______ |
| ••••••• <br> 7 | + | ••• <br> 3 | = | ______ |
| ••••••• <br> 7 | + | ••••• <br> 5 | = | ______ |
| •••••••• <br> 8 | + | •••••• <br> 6 | = | ______ |

B Bitten Sie Ihr Kind, mithilfe der Zahlenreihe diese Zahlen zu addieren:

4 + 7 = __

7 + 7 = __

8 + 7 = __

9 + 4 = __

8 + 8 = __

8 + 6 = __

9 + 8 = __

5 + 9 = __

9 + 9 = __

9 + 6 = __

6 + 7 = __

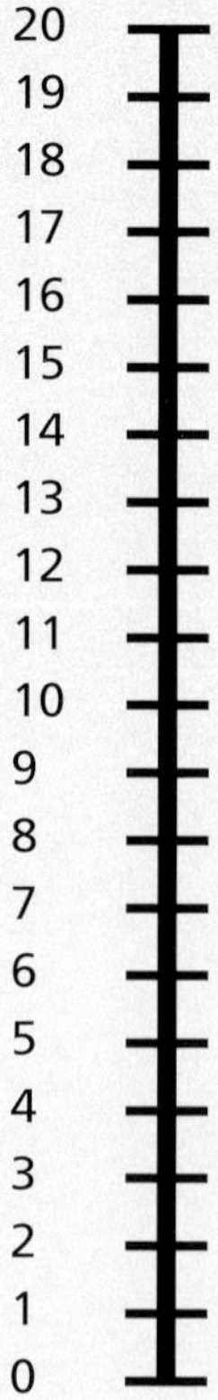


C Bitten Sie Ihr Kind, die Bezeichnungen dieser Formen zu nennen:

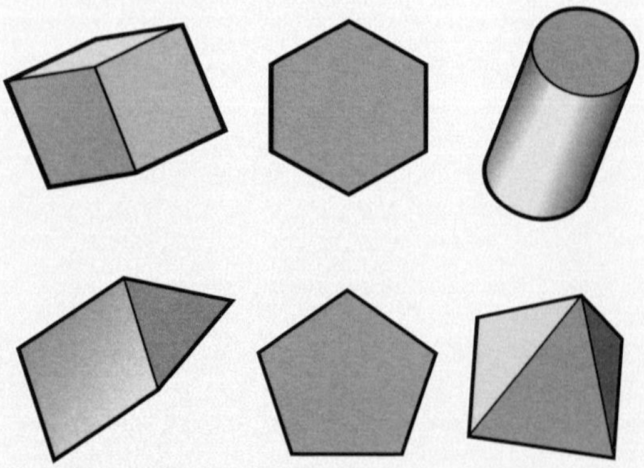

Es kann auch diese Begriffe zuordnen:

Würfel Prisma Hexagon (Sechseck)
Walze Pentagon (Fünfeck) Pyramide

Nr. 6

A Bitten Sie Ihr Kind, die kleinere Zahl von der größeren abzuziehen:

3 – 1 = __ 4 – 3 = __

OOØ OØØØ

5 – 3 = __ 4 – 1 = __

OOØØØ OOOØ

B Bitten Sie Ihr Kind, diese Aufgaben auszurechnen:

4 + 6 = __ 5 + 3 = __

7 + 8 = __ 9 + 9 = __

8 + 3 = __ 9 + 7 = __

5 – 2 = __ 4 – 3 = __

4 – 1 = __ 3 – 2 = __

q + 1 = 3 2 + q = 5

C Bitten Sie Ihr Kind, mithilfe eines Rechenschieber bis 50, 60, 70, 80, 90, 100 zu zählen.

Nr. 7

A Bitten Sie Ihr Kind, diese Zahlen von der kleinsten bis zur größten Zahl in die richtige Reihenfolge zu bringen:

7 2 8 3 12 4 17

B Bitte Sie Ihr Kind, diese Päckchen als Zahlen zu nennen:

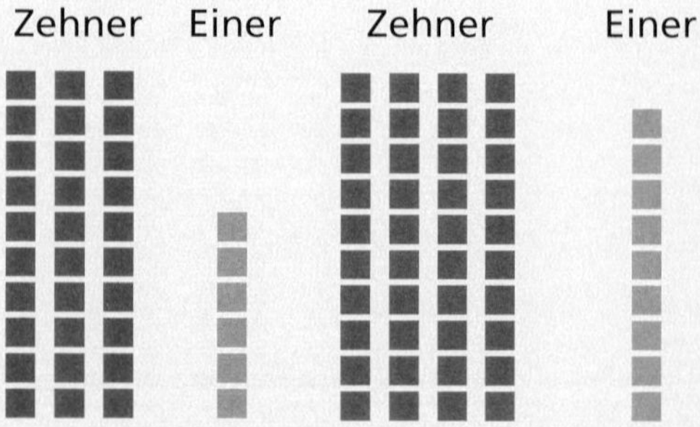

Zehner Einer Zehner Einer

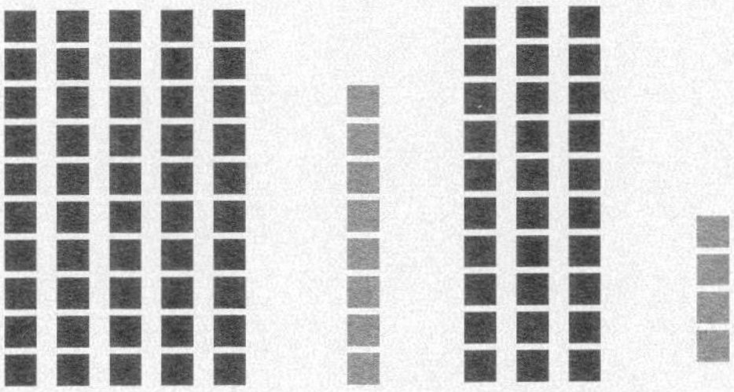

C Bitten Sie Ihr Kind, erst seine linke und dann seine rechte Hand auszustrecken.

D Bitten Sie Ihr Kind, die geraden Zahlen zu markieren.

1 4 7 8 6 10 15

E Bitten Sie Ihr Kind, die ungeraden Zahlen zu markieren.

2 6 3 9 4 12 8 5

F Bitten Sie Ihr Kind, diese Uhrzeiten zu nennen.

## Nr. 8

A Bitten Sie Ihr Kind, die Reihenfolge der folgenden Zahlen zu wiederholen:

2 4 6 8 10 12 14 16 18 20

B Bitten Sie Ihr Kind, diese Aufgaben zu rechnen:

| | |
|---|---|
| 1 x 2 = ___ | 2 x 2 = ___ |
| 3 x 2 = ___ | 4 x 2 = ___ |
| 5 x 2 = ___ | 6 x 2 = ___ |
| 7 x 2 = ___ | 8 x 2 = ___ |

C Bitten Sie Ihr Kind, mithilfe des Rechenschiebers dieses Zahlenmuster fortzusetzen:

2 4 6 8 ___ ___ ___ ___ ___ ___

10 20 30 40 ___ ___ ___ ___ ___

10 15 20 25 30 ___ ___ ___ ___

## Nr. 9

A Bitten Sie Ihr Kind zu sagen, welche Brüche hier dunkel schattiert abgebildet sind?

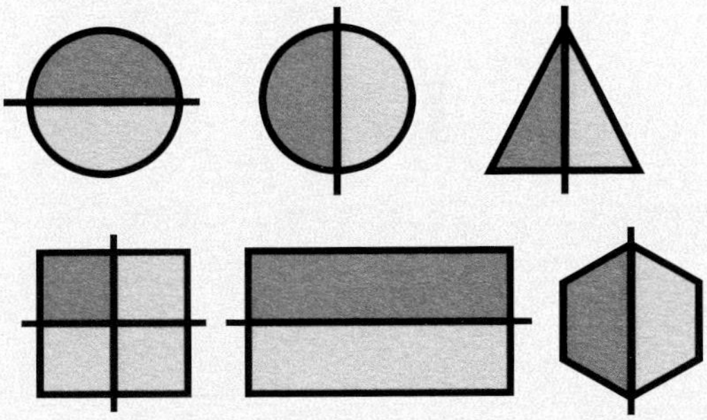

B Bitten Sie Ihr Kind, die Tische, Stühle und Betten in Ihrer Wohnung zu zählen:

- Gibt es im Haus mehr Stühle als Tische? Wie viele sind es?
- Wie viele Betten und Tische gibt es zusammen?

C Bitten Sie Ihr Kind, die Buchstaben, die symmetrisch sind, zu markieren.

A B C D E F G H I J K L M
N O P Q R S T U V W X Y Z

**Bemerkung**: Es gibt Buchstaben, die vertikal symmetrisch sind, andere sind horizontal symmetrisch, einige sind beides und es gibt auch welche, die überhaupt nicht symmetrisch sind.

8

# In der Schule 7–9 Jahre

# Deutsch

Jetzt sollte Ihr Kind eigentlich schon ein recht gutes Sprachgefühl haben, das in der Schule auch weiter gepflegt wird. Sie können weiterhin zu Hause diese Fortschritte mit folgenden Methoden beschleunigen:

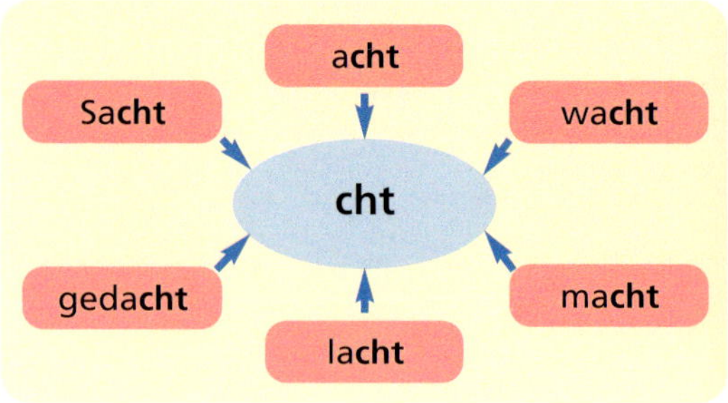


## Lesen

Sollte Ihr Kind mit sieben Jahren noch nicht flüssig lesen können, dann stimmt etwas nicht. Fortschritte können durch Leseübungen im siebten Kapitel beschleunigt werden oder Sie bringen es ihm selbst mit der Aussprachemethode oder anderer dort beschriebener Arbeitsweisen bei.

Ein Kind, das durchschnittlich gut lesen kann, braucht in diesem Alter interessante und vor allem humorvolle Geschichten (besonders solche, in denen sich erwachsene Autoritätspersonen lächerlich machen), Abenteuergeschichten, Zauberei oder andere aufregende Ereignisse. Jedes Alter (auch das von Erwachsenen) braucht Bücher mit guten Leitfiguren und einer guten Geschichte, um das Interesse am Buch zu wecken. Für Kinder zwischen sieben und neun Jahren dürfen die Geschichten nicht zu lang und noch etwas größer geschrieben sein. Einige Kinder bevorzugen noch Bücher mit vielen Illustrationen und wenig Text pro Seite, andere haben vielleicht eine große Fantasie und kreieren beim Lesen des Textes eigene Bilder im Kopf.

Lesen Sie Ihrem Kind weiter vor, wenn es noch daran Freude hat, und besonders, wenn es beim Lesen noch etwas langsamer ist. Garantieren Sie Ihrem Kind, dass Lesen Spaß macht und nie ein „Muss“ ist und suchen Sie ihm Bücher aus, die es aufregend findet.

## Buchstabieren

Wortmitten verursachen in der Regel die meisten Probleme. Einmal pro Woche zehn Wörter buchstabieren lernen, funktioniert in der Regel gut. Kinder, die langsam lernen, kommen oft recht gut mit ähnlichen Wörtern zurecht, wenn sie (s. Abb. oben) graphisch angeordnet sind.

### Die „leisen“ Buchstaben

Diese Buchstaben lernt Ihr Kind ganz leicht, wenn es sie so aufmalt, dass der „leise“ Buchstabe wegzufliegen scheint,

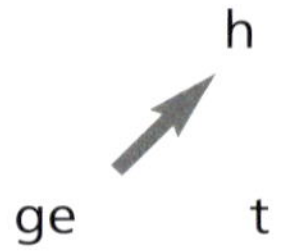


dann aber zum Wort zurückkommt:

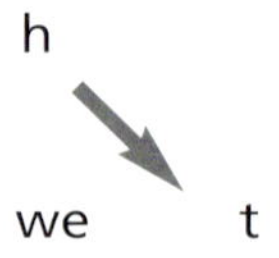


gehen sehen stehen

Versuchen Sie gleich klingende, aber unterschiedlich geschriebene Wörter mit Alltagssituationen in Verbindung zu bringen:

Möchtest Du mehr oder Meer trinken ?

## Buchstabieren und Wörter, die man häufig verwendet

Damit Ihr Kind immer sicherer schreiben lernt, ist es ganz hilfreich, wenn es mit den folgenden Wörtern Sätze bildet und auch länger strukturierte Wörter übt.

**Wörter mit „langen" Vokalen**

| | | | | |
|---|---|---|---|---|
| sagen | haben | fragen | Hase | Nase |
| mir | dir | wir | Hose | Dose |

**Wörter, die anders geschrieben werden, als sie klingen**

Kinder haben mit Wörtern, die wie „scht" oder „schp" anzufangen scheinen, aber „st" oder „sp" geschrieben werden, große Schwierigkeiten. Auch hier hilft, sie einmal in der Woche als Zehnerblock zu lernen:

| | | | | |
|---|---|---|---|---|
| Stock | Stein | Strich | Straße | Stab |
| Stoff | stolpern | stinken | stoßen | streuen |

| | | | |
|---|---|---|---|
| spülen | sparen | spazieren | spucken |
| springen | Spaß | Spiel | Spielzeug |
| Sport | Spuk | | |

**Buchstabenkombinationen, die Kindern Schwierigkeiten machen**

Oft lernen Kinder durch Silbenklatschen oder Silbenbögen, schwierige Buchstabenkombinationen richtig zu schreiben. Bei Wörtern, die mit „ie" geschrieben werden, hört der Silbenbogen nach dem „e" auf:

spie – len rie – chen lie – ben sie – ben

Beim kurzen „i" ist in der Regel noch ein weiterer Konsonant mit in der Silbe:

spin – nen Sil – be Fil – ter Rich – ter

Bei der Buchstabenkombination „tz" vergessen Kinder häufig, das „t" zu schreiben. Auch hier helfen Silbenklatschen oder Silbenbögen:

Kat – ze Pfüt – ze schmat – zen set – zen

Dieselbe Methode können Kinder bei Doppelkonsonanten anwenden:

kom – men ren – nen rol – len klir – ren klet – tern

**Häufig verwendete Wörter:**

| | | | | |
|---|---|---|---|---|
| sehen | See | Geld | Welt | warum |
| wer | draußen | wo | was | Junge |
| essen | Zug | Messer | Blatt | Kopf |
| Licht | Boot | Seife | Straße | Regen |
| Tag | Nacht | sagen | spielen | rufen |
| Wolke | klettern | wie | unten | Lamm |
| Stunde | Geist | Reim | hell | richtig |
| falsch | wissen | Knie | Nacht | fliegen |

Angst Daumen schreien versuchen
schreiben schüchtern Spielzeug

## Schreiben

Zwischen dem fünften und siebten Lebensjahr wissen die meisten Kinder, wie Sätze richtig gebildet werden. Wenn Sie einen guten Schreibstil bei Ihrem Kind fördern wollen, sollten Sie die fünf folgenden Schritte einüben:

1. Eine sichere und lesbare Handschrift.
2. Einen guten Wortschatz und sicheres Buchstabieren der Wörter.
3. Satzstruktur, Grammatik, Zeichensetzung.
4. Absätze einbauen.
5. Gute Ideen in eine gegliederte Ordnung bringen.

Einige Punkte können durch Übungen, Üben und Erinnern gelernt werden, aber das Erfinden von Ideen kann man sich nur durch eigenes Ausprobieren aneignen. Dann gelingt es immer besser, eigene kreative Ideen gut aufgebaut in eine Geschichte zu fassen. Je mehr Ihr Kind dieses kreative Schreiben übt (manche brauchen einen kleinen Anstoß, bei anderen sprudeln die Ideen), desto sicherer wird es die fünf Elemente beherrschen, wobei es das Einbauen von Absätzen und eine gute Gliederung der Ideen in der Regel am häufigsten üben muss.

# Mathematik

Zwischen dem siebten und neunten Lebensjahr können die meisten Kinder sicher addieren und subtrahieren und immer sicherer die Zeit nennen. Sie können jetzt den Lernstoff der Schule durch eine sehr strukturierte Herangehensweise festigen.

## Große Zahlen und Stellenwerte

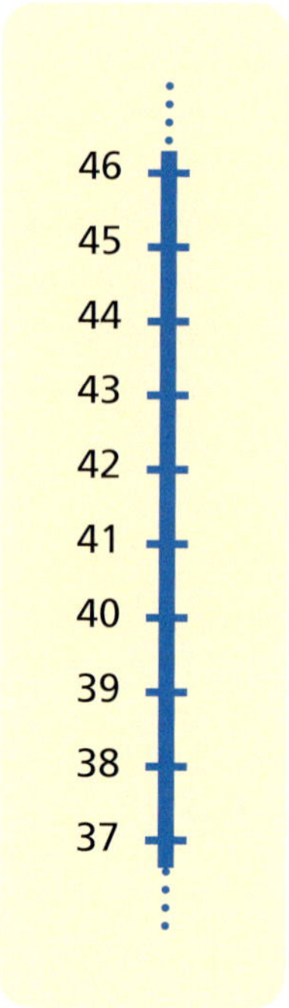


Ihr Kind braucht visuelle Erinnerungen, damit es schnell weiß, wo es z. B. die Zahl 45 eingliedern kann. Wenn es beispielsweise die Zahlen 37 bis 46 auf einer Zahlenreihe vor sich sieht, dann fällt es ihm nicht schwer, 38 + 6 oder 43 – 4 auszurechnen.

Durch solche bildhaften Strukturen fallen ihm in einer Struktur von 0 bis 100 Ordnungen im Zahlensystem viel schneller auf: z. B., dass 25, 50, 75 auch ¼, ½, ¾ sind. Häufiges Üben hilft, die Bedeutung z. B. der 5 und der 2 in einer großen Zahl wie 52 zu erkennen.

## Zahlenordnungen

Mithilfe eines Rechenschiebers kann Ihr Kind auch ganz leicht nachvollziehen, wie größere Summen wie z. B. 74 + 10 = 84, 56 + 20 = 76 oder 93 – 20 = 73 errechnet werden.

## Additions-Reihen

| | | | | | | | | | |
|---|---|---|---|---|---|---|---|---|---|
| 1 | 2 | 3 | 4 | 5 | 6 | 7 | 8 | 9 | 10 |
| 11 | 12 | 13 | 14 | 15 | 16 | 17 | 18 | 19 | 20 |
| 21 | 22 | 23 | 24 | 25 | 26 | 27 | 28 | 29 | 30 |
| 31 | 32 | 33 | 34 | 35 | 36 | 37 | 38 | 39 | 40 |
| 41 | 42 | 43 | 44 | 45 | 46 | 47 | 48 | 49 | 50 |
| 51 | 52 | 53 | 54 | 55 | 56 | 57 | 58 | 59 | 60 |
| 61 | 62 | 63 | 64 | 65 | 66 | 67 | 68 | 69 | 70 |
| 71 | 72 | 73 | 74 | 75 | 76 | 77 | 78 | 79 | 80 |
| 81 | 82 | 83 | 84 | 85 | 86 | 87 | 88 | 89 | 90 |
| 91 | 92 | 93 | 94 | 95 | 96 | 97 | 98 | 99 | 100 |

Mit dieser Zahlentafel kann Ihr Kind schnell die Fünfergruppe und die Zehnergruppe des kleinen 1 x 1 lernen und bekommt auch ein gutes Gespür dafür, was größere Zahlen sind.

### Multiplikations-Reihen

Mit der rechts oben abgebildeten Multiplikationshilfe fällt es Ihrem Kind leicht, 10 mal und 100 mal auszurechnen und Dezimalzahlen zu begreifen, aber Sie können natürlich auch für andere Reihen wie z. B. 8 mal, 12 mal, 14 mal usw. Multiplikationshilfen anfertigen.

## Multiplikations-Reihen

| | 1 | 2 | 3 | 4 | 5 | 6 | 7 | 8 | 9 | 10 |
|---|---|---|---|---|---|---|---|---|---|---|
| x 10 | 10 | 20 | 30 | 40 | 50 | 60 | 70 | 80 | 90 | 100 |
| x 100 | 100 | 200 | 300 | 400 | 500 | 600 | 700 | 800 | 900 | 1000 |

## Uhrzeit

Beim letzten Lernschritt lernt Ihr Kind die Zeitspannen unter 15 Minuten kennen, wie man Zeitangaben unterschiedlich ausdrücken und Zeitspannen einkalkulieren kann.

### Die 5-Minuten-Anzeigen benennen

Jetzt können Sie Zeitangaben wie z. B. 7:10 Uhr oder 7:50 Uhr mit Ihrem Kind üben.

### Zeitangaben

Als Letztes lernt Ihr Kind jetzt die unterschiedlichen Zeitangaben: Man kann 7:50 Uhr oder 10 vor 8 sagen. Auch hierbei ist eine visuelle Darstellung eine große Hilfe.

### Zeiträume

Ihr Kind wird: „Wie viele Minuten sind zwischen 10:30 Uhr und 10:45 Uhr?" schnell verstehen, wenn Sie es ihm anhand einer Uhr zeigen. Danach üben Sie auch größere Zeitabstände: „Wie viele Minuten sind zwischen 10:30 Uhr und 14:15 Uhr vergangen?"

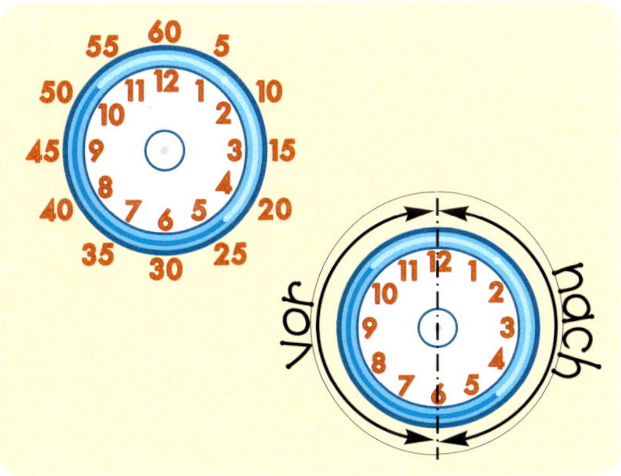


## Rechenaufgaben verstehen und lösen

Versuchen Sie, mit folgenden Aufgaben herauszufinden, ob Ihr Kind weiß, wie es Subtraktionen und Additionen untereinander schreiben kann.

| Zehner | Einer |
|---|---|
| 2 | 4 |
| +3 | +3 |
| 5 | 7 |

| Zehner | Einer |
|---|---|
| 7 | 6 |
| −2 | −4 |
| 5 | 2 |

## Zuzählen und Abziehen

Mit Strohhalmen, die zu 10er-Bündeln zusammengebunden werden, können Sie Ihrem Kind gut erklären, wie die abstrakten Symbole zu diesem Rechenvorgang aussehen. Das Konzept dazu finden Sie in der folgenden Abbildung:

| Zehner | Einer |
|---|---|
| | 7 |
| + | 4 |
| 1 | 1 |

ist das Gleiche wie

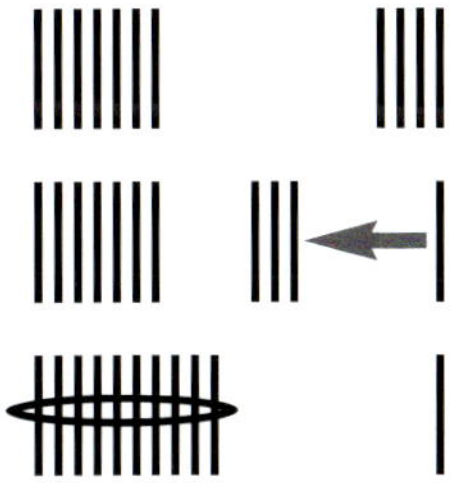

ein Bündel mit 10 Strohhalmen

Abziehen macht man genau umgekehrt:

| Zehner | Einer |
|---|---|
| ¹~~2~~ | ¹~~1~~ |
| – 1 | 4 |
| 0 | 7 |

ist das Gleiche wie

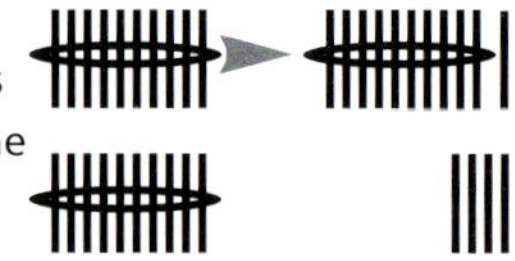

## Multiplizieren

Eine Rechnung wie z. B. 24 x 2 kann man am besten so aufschreiben und erklären:

| Zehner | Einer |
|---|---|
| 2 | 4 |
| x | 2 |
| | |

und dann aufteilen in:

| Zehner | Einer |
|---|---|
| 2 x 2 | 4 x 2 |
| 4 | 8 |

um so das Ergebnis deutlich zu zeigen:

| Zehner | Einer |
|---|---|
| 4 | 8 |

Dieser Schritt sollte sicher sein, bevor man zu Aufgaben weitergeht, bei denen über eine Zehnergrenze hinweggerechnet werden muss wie z. B. 25 x 2:

| Zehner | Einer |
|---|---|
| 2 x 2 | 5 x 2 |
| 4 | 10 |

Hier ergibt ja die Addition der Einer einen neuen Zehner, der zu den 4 Zehnern dazugerechnet wird: 4 Zehner plus der Extrazehner = 5 Zehner = 50.

Später kann das Ergebnis der Einer so geschrieben werden:

| Zehner | Einer |
|---|---|
| | 5 x 2 |
| | 0 |

Schließlich kann man beide Teile zusammen aufschreiben. Dabei schreibt man den Extrazehner als kleine 1 unten vor die Zahl, die multipliziert wird, auf den Bruchstrich:

$_1 25 \times 2$

50

## Dividieren

Das Dividieren wird so dargestellt:

12 : 2 = 6
12
0

Ihr Kind kann sich folgende Fragen stellen:
„Wie viele 2en stecken in einer 12?"
oder
„Wie viel bekommt jeder, wenn ich 12 (z. B. Bonbons) auf 2 (z. B. Personen) aufteile?"

## Rest

**1. Schritt:** Was passiert, wenn 5 Bonbons durch 2 Personen geteilt werden?

Jeder bekommt 2 Bonbons und eines bleibt übrig.

**2. Schritt:** Zeigen Sie Ihrem Kind, wie dieser Vorgang als Rechnung aussieht:

5 : 2 = 2 (Rest 1)
4
1

oder:

32 : 2 = 16
3 : 2 = 1 (Rest 1)
12 : 2 = 6

Erklären Sie Ihrem Kind, dass man anstelle von „Rest 1" zu sagen, diesen Rest zu der nächsten Zahl gibt (genau genommen wandert natürlich ein Zehner weiter).

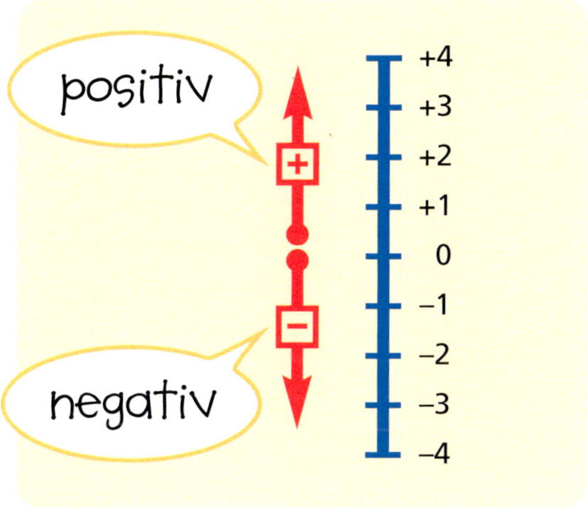


## Brüche

Es ist ganz wichtig, dass Ihr Kind die unterschiedlichen Brüche und ihr Verhältnis zueinander begreift, dass also zwei Achtel in einem Viertel sind, zwei Viertel in einer Hälfte usw. Ihr Kind sollte außerdem wissen:

Die Hälfte von 8 ist 4,
ein Viertel von 8 ist 2
und drei Viertel von 8 sind 6.

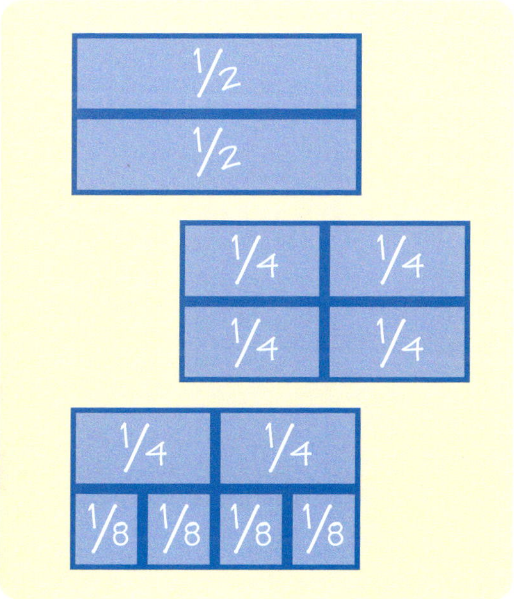


## Negative Zahlen

Viele Kinder finden die Vorstellung, dass beim Rückwärtszählen bei 0 nicht Schluss ist, faszinierend. Zeigen Sie Ihrem Kind, dass ein Thermometer unter 0° C weitergeht.

## Taschenrechner

Mit einem Taschenrechner kann Ihr Kind überprüfen, ob seine Ergebnisse richtig sind und wie es große Summen errechnen kann.

1000 + 1000 + 1000 = 3000
20.000 – 5000 = 15.000

Multiplikationen und Divisionen sehen auf dem Rechner schon sehr beeindruckend aus:

20.000 : 1000 = 20
5 x 1000 = 5000

Es ist ganz wichtig, dass Ihr Kind damit immer besser die Stellenwerte erkennt:

5 x 10 = 50 usw.

(auch, dass 5 x 10 das Gleiche wie eine 5 mit einer angehängten 0 ist = 50)

# Naturwissenschaften

Zwischen sieben und neun Jahren werden die Grundkenntnisse, die das Kind bis dahin schon erworben hat, erweitert und vertieft.

## Tierarten

Suchen Sie nach ganz unterschiedlichen Büchern, die Sie mit Ihrem Kind studieren und so immer mehr über die Artenvielfalt und Lebensweisen von Tieren erfahren.

## Tierarten

### Insekten

*Insekten haben sechs Beine.*

Fliege Ameise Käfer
Biene Wespe Motte
Schmetterling

### Schneckenarten

*Sie haben alle einen weichen Körper.*

Nacktschnecke Schnecke
Herzmuschel Wellhorn
Strandschnecke

### Schalentiere (Krabbenarten)

*Beide haben eine harte Schale.*

Krabben Hummer

### Würmer

*Würmer haben segmentierte Körper.*

Regenwurm Wattwurm
Sandwurm

### Fische

*Fische leben im Wasser und haben Kiemen.*

Hai Dorsch Goldfisch
Hering Karpfen Makrele

### Amphibien

*Amphibien haben eine glibberige Haut und können sowohl im Wasser als auch an Land leben.*

Frosch Kröte Wassermolch

### Reptilien

*Reptilien haben eine schuppige Haut.*

Krokodil Alligator
Schlange Echse

### Vögel

*Vögel haben Federn und können fliegen.*

Adler Spatz Amsel

### Säugetiere

*Säugetiere sind Warmblüter.*

Menschenaffe Schimpanse
Katze Hund Kuh
Schwein Elefant Wal
Delfin

## Kraft im Alltag

Dazu gehören: heben, drücken, ziehen, treten, schubsen, werfen. Bei welchen Sportarten kann Ihr Kind Kraft entdecken (Tennis, Fußball, Leichtathletik, Schwimmen, Skifahren, Boxen, Ringen, Judo)?

Es gibt auch Kräfte in Autos, Flugzeugen, Zügen, Schiffen, Raketen, im Wind, in Erdbeben, Vulkanen, Gezeiten, Wasserfällen, Erdrutschen.

Ihr Kind kann gespeicherte Kraft in Federn, Gummibändern, Jo-Jos usw. entdecken.

## Schwingungen

Schwingungen können auf ganz unterschiedliche Art herbeigeführt werden:

- Drücken Sie das Ende eines Lineals auf die Tischkante und tippen Sie das überhängende Ende an: Die Schwingungen werden in der Luft als auch durch den Tisch geleitet.
- Pustet man über den Hals einer leeren oder mit wenig Wasser gefüllten Flasche, kann man so die Luft in der Flasche in Schwingung versetzen.
- Schneidet man das Ende eines Strohhalms an und pustet darauf, werden Schwingungen produziert. Kürzere Halme erzeugen höhere Töne.
- Rollt man eine einzige Murmel gegen eine ganze Reihe dicht aneinanderliegender Murmeln, werden diese in Bewegung gesetzt. Durch diesen Schubeffekt können Sie Ihrem Kind erklären, wie Schwingungen in einem Material weitergegeben werden.
- Alle Musikinstrumente produzieren Schwingungen und so einen Klang. Probieren Sie mit Ihrem Kind eine Reihe Instrumente, z. B. Klavier, Geige, Gitarre, Trommel, Xylophon, Flöte, Trompete, Klarinette, Harfe, Zimbeln ... aus und lassen Sie es erleben, wie sie Schwingungen produzieren.

## Der elektrische Kreislauf

Verbinden Sie eine kleine Batterie mit einer Glühbirne und lassen Sie Ihr Kind herausfinden, welches Material Strom leitet: Holz, Metall, Bleistift, Blei, Stoff, Gummi, Plastik, Papier. Setzen Sie das jeweilige Material so ein, dass der Kreislauf durch die Glühbirne von einem Pol zum anderen Pol der Batterie geschlossen wird.

## Lebewesen

Alle Lebewesen atmen, essen, bewegen und vermehren sich, scheiden Exkremente aus, reagieren auf ihre Umwelt und wachsen. Das wird Ihr Kind mögen, weil alles auch auf es selbst zutrifft: Es wird größer, bewegt sich, isst und trinkt, atmet, scheidet aus, reagiert (z. B. auf Heißes mit Schmerz) und wenn es mal groß wird, bekommt es vielleicht Kinder.

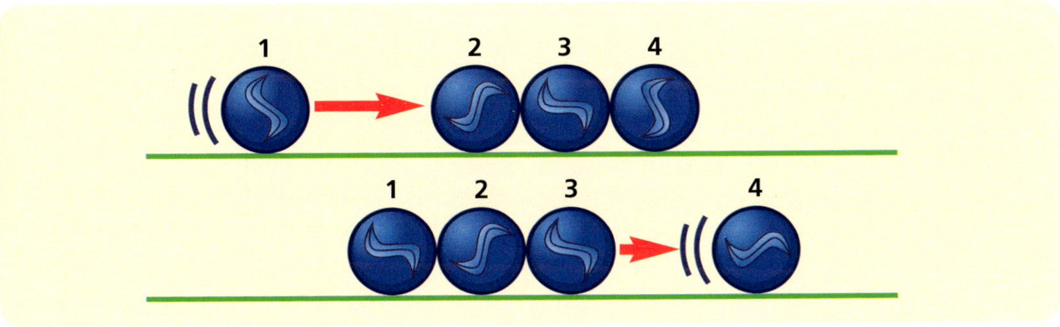

# Aufgaben

## Deutsch

### Nr. 1

**Gegensätze:** Bitten Sie Ihr Kind, die richtigen Bezeichnungen den passenden Bildern zuzuordnen:

| | | |
|---|---|---|
| dick/dünn | groß/klein | heiß/kalt |
| oben/unten | traurig/glücklich | |
| richtig/falsch | schwer/leicht | Tag/Nacht |

### Nr. 2

A Bitten Sie Ihr Kind herauszufinden, wer das ist:

Ich belle.
Ich schnurre.
Ich muhe.
Ich ticke.
Ich quake.
Ich tropfe.

Ihr Kind kann folgende Wörter zu Hilfe nehmen:

| | | |
|---|---|---|
| Katze | Wasserhahn | Ente |
| Kuh | Hund | Uhr |

B Bitten Sie Ihr Kind herauszufinden, wer das ist:

Ich fahre einen Bus.
Ich angle.
Ich pflege Menschen im Krankenhaus.
Ich fliege ein Flugzeug.
Ich behandle die Zähne der Menschen.
Ich unterrichte Kinder.

Ihr Kind kann folgende Wörter zu Hilfe nehmen:

| | | |
|---|---|---|
| Zahnarzt | Busfahrer | Pilot |
| Angler | Krankenschwester | Lehrer |

### Nr. 3

A Bitten Sie Ihr Kind, den Überbegriff zu diesen Wortgruppen zu nennen:

Auto, Bus, Zug, Fahrrad
Ameise, Biene, Fliege, Marienkäfer
Mantel, Hut, Hemd, Hose
Apfel, Orange, Banane
Rose, Gänseblümchen, Narzisse
Hai, Goldfisch, Dorsch

Ihr Kind kann folgende Wörter zu Hilfe nehmen:

| | | |
|---|---|---|
| Fische | Früchte | Kleidung |
| Insekten | Blumen | Fahrzeuge |

B Bitten Sie Ihr Kind, den Begriff, der hier nicht hineinpasst, durchzustreichen:
Auge, Finger, Fuß, Hut, Haare
Schuhe, Kleid, Socken, Vorhänge
Milch, Kartoffel, Wasser, Limonade
Auto, Bus, Wal, Spielzeug, Zug

C Bitten Sie Ihr Kind, diese Begriffe der Reihe nach, vom Kleinsten anfangend, zu ordnen:
acht, zwei, neun, sechs, ein Halbes
Bus, Auto, Kinderwagen, Schiff
Jahr, Stunde, Sekunde, Minute, Tag

## Nr. 4

A Bitten Sie Ihr Kind herauszufinden, wie die Begriffe zueinanderpassen:
Katze zu Kätzchen wie Hund zu ...
Hand zu Arm wie Fuß zu ...
Norden zu Süden wie Osten zu ...
Tasse zu Untertasse wie Messer zu ...
Kuchen zu essen wie Milch zu ...
Schuhe zu Fuß wie Handschuh zu ...

Ihr Kind kann folgende Wörter zu Hilfe nehmen:

| | | |
|---|---|---|
| Gabel | trinken | Bein |
| Hand | Welpe | Westen |

B Bitten Sie Ihr Kind, die fett gedruckten Wörter aufzuschlüsseln:
Im Mathematikunterricht rechnen wir **nummes** aus.
Ich mag **rotb** und Butter.
Wir schwimmen gerne im **emer**.
Ich fahre mit dem **sub** zur Schule.
Die Blätter fallen vom **maub**.
Ich esse gerne Brot mit **säke**.

## Nr. 5

A Bitten Sie Ihr Kind, die Wörter, die groß geschrieben werden, mit dem richtigen Großbuchstaben zu kennzeichnen und am Ende eines Satzes den Punkt zu setzen:
am sonntag bin ich mit meiner familie ans meer gefahren mein freund philipp kam auch mit wir sind auf eine kirmes gegangen und mein vater ist mit der berg- und talbahn gefahren als er ausstieg war er ganz grün im gesicht und hat gesagt, dass sein magen jetzt im kopf ist später hat sich philipp ein comicheft gekauft er hat beim laufen gelesen und ist so in den paddelbootsee gefallen glücklicherweise ging das wasser nur bis ans knie sonst wäre er ertrunken

B Bitten Sie Ihr Kind, diese Sätze in die richtige Reihenfolge zu bringen:
Schule gehe in ich die?
kosten was Süßigkeiten diese?
Lehrerin meine Hexe eine ist gemeine!
Morgens eines ich mit aus dem falschen Bett aufgestanden bin Fuß dem!

## Nr. 6

A Bitten Sie Ihr Kind, die falsch geschriebenen Wörter zu berichtigen:
Shule ist ein oat, wohinn du geest, um zu lärnen.
Meine Leererin versucht, uns Mattematick baizubriengen.

B Bitten Sie Ihr Kind, die richtige Bezeichnung für diese Umschreibungen zu finden:
Einhundert Jahre
Der Tag vor morgen
Was du getan hast, bevor du aufgewacht bist
Der Vater meines Vaters ist mein ...

## Nr. 7

**Textverständnis:** Bitten Sie Ihr Kind, den Text zu lesen und die darunter stehenden Fragen zu beantworten:

> Eines Abends machte sich Jakob beim Abendessen selbst sein Butterbrot. „Ich bekomme den Deckel nicht ab!“, sagte er. „Ich wünschte, ich wäre stärker!“ „Als ich so alt war wie du“, sagte da sein Großvater, „war ich so stark, dass ich einen Laternenpfahl mit den bloßen Händen umgebogen habe, um mein Comic-Heft besser lesen zu können! Und ich habe mit 15 Gorillas gekämpft, obwohl ich einen Arm hinten auf den Rücken gebunden hatte. Und ich habe trotzdem gewonnen – so stark war ich!“
> „Das glaube ich nicht!“, sagte Jakob.

**Fragen:** (Die Antworten werden in ganzen Sätzen geschrieben.)

Warum kann Jakob den Deckel des Glases nicht aufmachen?
Zu welcher Tageszeit spielt die Geschichte?
Mit wie vielen Gorillas kämpft Jakobs Opa?
Wie hat Jakobs Opa Comic-Hefte gelesen?
Ist das wahr, was der Opa erzählt?
Glaubt Jakob ihm?

## Nr. 8

**A Briefe schreiben**

Bitten Sie Ihr Kind, einen kurzen Brief zu schreiben, mit „Liebe(r) ...“ anzufangen und mit „Mit herzlichen Grüßen“ aufzuhören.

**B Geschichten erfinden**

Bitten Sie Ihr Kind, folgende Geschichte weiterzuerzählen:

### Der Tag, an dem ich mich in einen Riesen verwandelte

Eines Morgens wachte ich auf und sah, dass meine Füße aus dem Bett heraus und durch das ganze Zimmer ragten. „Warum ist mein Bett auf einmal so klein?“, fragte ich mich. Selbst der Raum sah auf einmal so klein aus. Ich kletterte aus dem Bett und stieß mit dem Kopf gegen die Decke ...

**C Wörterpuzzle**

Bitten Sie Ihr Kind, diese Wörter in dem Wortpuzzle zu entdecken:

| | | |
|---|---|---|
| ROSA | BAUM | AUTO |
| MUSIK | STURM | ROSE |
| MAUS | REISE | BALLON |
| STIMME | NASE | AST |

Die Buchstaben der Wörter stehen entweder waagrecht oder senkrecht.

| | | | | | | |
|---|---|---|---|---|---|---|
| G | I | A | S | S | E | S |
| B | A | U | M | A | S | T |
| A | S | T | U | R | M | I |
| L | R | O | S | E | A | M |
| L | O | O | I | I | U | M |
| O | S | S | K | S | S | E |
| N | A | S | E | E | I | S |

# Mathematik

## Nr. 1

A Bitten Sie Ihr Kind, die folgenden Additionen auszurechnen:

```
  4 ••••          7 •••••••
+ 2 ••          + 5 •••••
____            ____
```

```
       Z  E                  Z  E
   •• 2  3 •••       •••• 4  2 ••
+   • 1  2 ••      +    • 1  3 •••
      ____                ____
```

B Bitten Sie Ihr Kind herauszufinden, wofür die 6 in dieser Zahlenreihe steht:

649

(Tipp: Bis jetzt wurde nur mit zweistelligen Zahlen gerechnet. Diese Zahl ist dreistellig.)

C Bitten Sie Ihr Kind, diese Multiplikationen auszurechnen:

| | |
|---|---|
| 7 x 2 = __ | 5 x 2 = __ |
| 4 x 2 = __ | 9 x 2 = __ |
| 3 x 10 = __ | 4 x 10 = __ |
| 8 x 10 = __ | 7 x 10 = __ |
| 2 x 5 = __ | 4 x 5 = __ |
| 9 x 5 = __ | 7 x 5 = __ |

D Bitten Sie Ihr Kind, diese Subtraktionen auszurechnen:

```
  7 •••••••        8 ••••••••
- 2 ••           - 3 •••
____             ____
```

```
  10 ••••••••••
-  5 •••••
____
```

```
  Z E        Z E        Z E
  7 6        8 9        9 7
- 2 4      - 3 4      - 4 5
____       ____       ____
```

E Bitten Sie Ihr Kind, die folgenden Uhrzeiten zu nennen:

## Nr. 2

A Bitten Sie Ihr Kind, diese Multiplikationsaufgaben zu lösen:

| | |
|---|---|
| 4 x 2 = __ | 7 x 2 = __ |
| 10 x 2 = __ | 5 x 2 = __ |

B Bitten Sie Ihr Kind, diese Additionsaufgaben zu lösen:

```
  Z E        Z E        Z E        Z E
  2 1        1 3        3 2        1 3
+ 2 9      + 2 7      + 4 8      + 3 8
____       ____       ____       ____
```

C Bitten Sie Ihr Kind, diese Subtraktionsaufgaben zu lösen:

```
  Z E        Z E        Z E        Z E
  7 2        8 0        7 3        4 3
- 1 6      - 1 2      - 2 5      - 1 6
____       ____       ____       ____
```

**D** Bitten Sie Ihr Kind, diese Aufgaben auszurechnen:

5 + 5 + 2 = ___
10 + 5 + 5 = ___
10 + 10 + 2 = ___
50 x 10 + 2 = ___

**E** Bitten Sie Ihr Kind, diese Subtraktionen auszurechnen:

20 – 16 = ___    50 – 27 = ___

**F** Bitten Sie Ihr Kind, diese Multiplikationen auszurechnen:

15 x 2 = ___    16 x 2 = ___

25 x 2 = ___    36 x 2 = ___

## Nr. 3

**A** Bitten Sie Ihr Kind, 110 Zentimeter als Meterangabe zu schreiben.

**B** Bitten Sie Ihr Kind, 1,24 Meter in Zentimeter umzuschreiben.

**C** Bitten Sie Ihr Kind, die Größenangaben 1,20 und 0,80 zusammenzurechnen:

Tipp:
```
   1,20
 + 0,80
 ------
 ______
```

**D** Bitten Sie Ihr Kind, Ihnen das Ergebnis von 5 x 50 cm in Metern zu sagen:

Tipp: 0,50 x 5 = ___

**E** Bitten Sie Ihr Kind Ihnen zu sagen, wie oft die 2 in 8 hineinpasst.

## Nr. 4

**A** Bitten Sie Ihr Kind Ihnen zu sagen, was ½ von 6 ist.

**B** Bitten Sie Ihr Kind Ihnen zu sagen, was ½ von 8 ist.

**C** Bitten Sie Ihr Kind, folgende Divisionen auszurechnen:

½ von 16 = 16 : 2 = ___
½ von 14 = 14 : 2 = ___

**D** Bitten Sie Ihr Kind, folgende Uhrzeiten zu nennen:

**E** Bitten Sie Ihr Kind zu sagen, welche Zahl zu einer 6 addiert wird, um 14 zu bekommen.

**F** Bitten Sie Ihr Kind, die folgenden Aufgaben auszurechnen:

```
   3 2 4        8 4 9
 + 1 3 5      - 1 3 4
 -------      -------
 _______      _______
```

223 x 2 = ___    213 x 4 = ___

## Nr. 5

Bitten Sie Ihr Kind, diese Divisionen auszurechnen:

3 : 2 = ___    5 : 2 = ___
4 : 3 = ___    5 : 3 = ___
30 : 2 = ___    32 : 2 = ___

## Nr. 6

A 1 Stunde = _____ Minuten
B ½ Stunde = _____ Minuten
C ¼ Stunde = _____ Minuten

D Bitten Sie Ihr Kind, den dargestellten Winkel zu benennen:

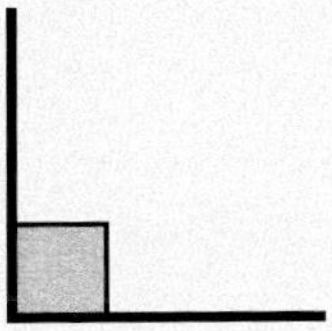

E Bitten Sie Ihr Kind, die Höhe einer Tür zu schätzen.

F Bitten Sie Ihr Kind herauszufinden, wie viele rechte Winkel in diesen Umdrehungen enthalten sind:

A von N (Norden) bis O (Osten)
B von N (Norden) bis S (Süden)
C von O (Osten) bis N (Norden)

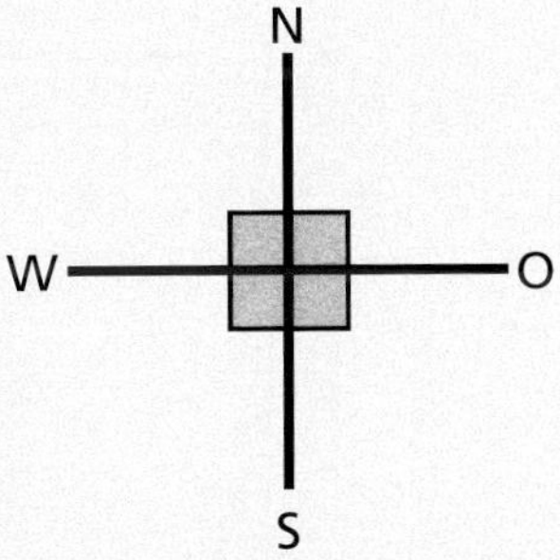


G Bitten Sie Ihr Kind, die folgenden Aufgaben zu lösen:

A Was ist –1 plus 3?
B Was ist 2 minus 5?
C 3 – 7 = __

H Bitten Sie Ihr Kind, folgende Aufgaben zu lösen:

48 x 2 = __6 17 x 3 = __1
14 x 5 = __0
80 : 5 = __ 60 : 4 = __

I Bitten Sie Ihr Kind zu sagen, welche Zahl als nächste kommt:

A 1, 3, 5, 7, __

B 7, 5, 3, __

J Bitten Sie Ihr Kind, diese symmetrischen Buchstaben zu vervollständigen:

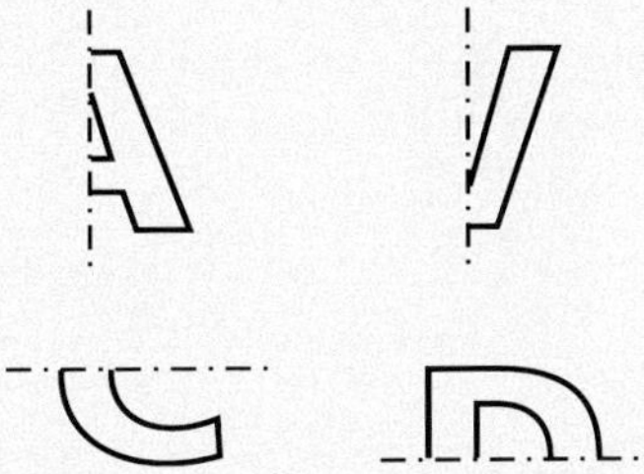

K Bitten Sie Ihr Kind herauszufinden, wie viel Hälften in diesen Zahlen sind:

A 2 ganze Einer = __
B 2 ½ = __

L Bitten Sie Ihr Kind herauszufinden, wie viele Viertel in den folgenden Zahlen stecken:

A 2 ganze Einer = __
B 2 ½ = __

9

# Mit Selbstvertrauen sicherer werden 9 – 11 Jahre

# Deutsch

Zwischen dem neunten und elften Lebensjahr werden Kinder in der Rechtschreibung, bei der Zeichensetzung und Grammatik immer sicherer. Bestärken Sie Ihr Kind, mit Worten zu spielen, eine Geschichte schlüssig aufzubauen und Personen zu erfinden, damit das Geschichten erfinden, Reportagen schreiben oder im Tagebuch über reale Erlebnisse berichten zu einer spannenden Freizeitbeschäftigung wird.

## Anschauliches Schreiben

„Ich weiß nicht, was ich schreiben soll!", mault Tim. Ich schlage ihm verschiedene Themen und Überschriften vor, fange sogar eine Geschichte an, aber er „grübelt" nur, wie er seine Idee strukturieren könnte. Bei den meisten Kindern reicht es allerdings, ein paar Themen oder den Anfangssatz vorzuschlagen, um ihre Fantasie zu beflügeln (s. Ende des Kapitels).

Bringen Sie Ihrem Kind die wichtigsten Elemente einer guten Geschichte bei:

- Die Geschichte sollte den Leser von Anfang an fesseln.
- Am Anfang werden die Personen und die Situation, in der sie sich befinden, vorgestellt und dann eine Verbindung zum Hauptteil hergestellt.
- Die Darsteller sollten sich in einem Konflikt mit anderen, mit dem Umfeld, mit Übernatürlichem oder mit sich und den eigenen Gedanken und Gefühlen befinden.
- Wenn möglich, sollte etwas Humorvolles in der Erzählung vorkommen.
- Es sollten Handlungen beschrieben werden, welche die Gefühle der Leser ansprechen.

Ermutigen Sie Ihr Kind, über Dinge, die es kennt, und auch eigene Fantasiegeschichten zu schreiben.

## Zeichensetzung

Es ist wichtig, dass Ihr Kind von Anfang an die richtige Zeichensetzung lernt. Anfangs sind die Anführungszeichen der wörtlichen Rede und Kommas noch etwas schwierig, aber wenn Ihr Kind die folgenden Regeln kennt, wird es zunehmend sicherer werden:

### Wörtliche Rede

Fragezeichen und Ausrufezeichen kommen in die wörtliche Rede:

- „Was?", fragte der Mann.
  Der Mann fragte: „Was?"
- „Hör auf!", schrie er.
  Er schrie: „Hör auf!"

Wird der wörtliche Satz unterbrochen, steht das Komma nach den Zeichen der wörtlichen Rede:

- „Lieber Schüler", sagte der Lehrer, „morgen ist keine Schule."

### Kommaregeln

- Das Komma steht zwischen Aufzählungen: „Es gab dort Kühe, Schweine, Pferde und Hunde."
- Das Komma steht zwischen Aufzählungen gleichartiger Satzglieder: „Mein Sohn ist ein starker, intelligenter, freundlicher Junge!"
- Das Komma schließt eingeschobene Erklärungen ein: „Fred, der neue Fahrer, hat uns am Geschäft abgeholt."
- Das Komma steht vor entgegengesetzten Konjunktionen wie z. B. aber, sondern, allein, doch, jedoch oder vielmehr: „Er fragte, ob er ein Stück Kuchen haben könnte, aber ich habe ihm Brot gegeben."
- Das Komma trennt den Gliedsatz vom übergeordneten Hauptsatz ab: „Ich liebe Bonbons, weil sie so lecker sind." oder „Niemand wusste, wann die Oma kommt."

## Buchstabieren

In diesem Alter sollten Feinheiten wie die gerade aufgezählten geübt werden, damit Ihr Kind sicherer wird und bald intuitiv die richtigen Buchstaben einsetzt. Gehen Sie behutsam vor und bestärken Sie Ihr Kind, Geduld mit sich zu haben. Am besten lernt es die Unterschiede, wenn es mit den einzelnen Wörtern Sätze bildet und sie später auch in seinen eigenen Geschichten und Erzählungen anwendet. Achten Sie darauf, dass Ihr Kind die Wörter nicht nur richtig schreibt, sondern auch im richtigen Kontext anwendet.

## Wann schreiben wir „s", wann „ss", wann „ß"?

Viele Kinder wissen oft nicht, wann Wörter mit einfachem s, ss oder ß geschrieben werden, aber wenn sie die Regeln dafür verstehen, wird es ihnen immer besser gelingen:

- Nach einem kurz gesprochenen Vokal wird ss geschrieben: essen, Nüsse, Kuss, Wasser.
- Vor und nach einem Konsonanten kommt ein einfaches s: Erbse, Smaragd.
- Vor oder nach einem lang gesprochenen Vokal kommt in der Regel ein einfaches s: Hose, lesen, Besen.
- Nach einem lang gesprochenen Doppellaut kommt ein einfaches s: Mäuse, Weise, Reise.
- Nach einem schnell gesprochenen Doppellaut (au, äu, ei, eu) kommt kein ss, sondern ein ß: Fleiß, außerdem, außer, reißen.

## Kreatives Schreiben fördern

Wenn Ihr Kind die Grundkenntnisse des anschaulichen Schreibens beherrscht, können Sie mit kreativem Schreiben diese Fertigkeiten weiter ausbauen. Schlagen Sie ihm vor, sich eine bestimmte Szene vorzustellen, in der die Geschichte spielen könnte, und helfen Sie ihm dann durch Fragen, seine Geschichte lebendig zu machen, z. B. „Was kann man denn dort sehen?"

> Der ganze Jahrmarkt war ein Farbenmeer! Es gab rote, blaue und goldene Karussells, gestreifte Buden und am Eingang wehten unzählige Flaggen in allen Farben.

„Kann man auch Geräusche hören?"

> Im Dunkel des Gangs hörte Leon ein Geräusch, das sein Herz beinahe stoppen ließ: Es war das lange, schreckliche Quietschen einer Haustür, die sich langsam öffnete ...

Machen Sie Ihr Kind darauf aufmerksam, dass man schon an der Sprache den Charakter eines Menschen erkennen kann:

> „Äh, wovor versteckst du, äh, dich?", fragte das Mädchen, das immer sehr nervös wirkte.

Zeigen Sie ihm auch den Unterschied, den ein Wort der Bewegung schafft, z. B.:

> „Er rannte die Stufen hinauf!" klingt lebendiger als „Er ging die Stufen hoch!".

Erklären Sie Ihrem Kind, dass eine Geschichte durch Rückblenden für den Leser interessanter wird, selbst wenn seine eigene Lebensgeschichte bisher erst ein paar Jahre ausmacht:

> Er erinnerte sich, dass er schon als kleiner Junge durch dieselben Vorhänge gespäht hatte, um den Lumpensammler zu beobachten, wie er seinen Karren die enge Straße ...

Das Wichtigste ist natürlich, dass sich der Konflikt zu einem Höhepunkt aufbaut. Ihr Kind wird das schnell verstehen, wenn Sie es daran erinnern, wie der Förster in „Rotkäppchen" dem Wolf den Bauch aufschneidet oder wie es zum Ende seines Lieblingsfilms hin richtig spannend wird und das gute Ende dann recht schnell nach der Art „und sie lebten glücklich bis an ihr Lebensende!" kommt.

Sie können die bewusste Wahrnehmung Ihres Kindes weiter fördern und ihm vorschlagen, ein Tagebuch zu führen, Gedichte oder Reiseberichte (von Ausflügen, Ferien usw.) zu verfassen. Vielleicht hat es ja auch Interesse, Essays zu bestimmten Themen wie „Warum ich Gokart-Rennen mag!" oder „Was ich an meiner Schule ändern würde!" zu schreiben.

Manche Kinder finden Geschichten schreiben lästig. Vielleicht können ihnen die Vorschläge auf Seite 131 helfen, ihre Schreibfähigkeit zu entwickeln.

### Ideen für kreatives Schreiben

Einigen Kindern fällt der Anfang einer Geschichte schwer. Vielleicht helfen ihnen die beiden folgenden Ideen:

#### Gedichte und Reime

Suchen Sie mit Ihrem Kind nach Reimen und lassen Sie es damit ein lustiges Gedicht schreiben, das es dann illustriert, um die „Geschichte" gut darzustellen.

#### Tägliche Gewohnheiten

Der Schulweg, Einkaufen gehen oder der Klavierunterricht am Nachmittag sind für ein Kind keine besonderen Ereignisse, aber wenn plötzlich der Lieblingsfilmstar, das Sportidol oder der Lieblingssänger auftaucht und es von der Schule abholt, dann kann das der Anfang einer spannenden Geschichte werden.

# Nützliche Wörter und Ideen für das kreative Schreiben

## Beschreibung von Leuten

**Figur** groß klein fett dünn zerbrechlich durchtrainiert

**Gesicht** rund oval lang dünn fett runzlig

**Nase** lang dick stupsnasig gerade breit

**Haare** glatt gewellt lockig fettig fein glatzköpfig

**Augen** groß klein ausweichend strahlend

**Haut** blass dunkelhäutig hellhäutig bronzefarben gerötet sommersprossig

**Mund, Lippen** voll dünn herzförmig

**Zähne** vergilbt schlecht faul unregelmäßig vorstehend schief

**Eigenschaften** feundlich stolz eitel gierig egoistisch mies gütig ehrlich bescheiden charmant gehässig gemein treu großzügig ernst liebenswert trotzig eigensinnig

**Gewohnheiten** spöttisch besorgt aufgewühlt lächerlich kichernd höhnisch

**Stimme** hoch piepsig schrill rau tief heiser kratzend nasal

**Handlung** laufen rennen hechten klatschen schreiben zeichnen malen schlagen hängen

## Geräusche

**Menschen** rufen weinen schluchzen lachen schreien schwatzen kreischen jammern kichern stöhnen seufzen murmeln pfeifen

**Natur** Blätter rascheln Donner grollt Regen rinnt Wind rauscht Dampf zischt

**Tiere** Bienen summen Hunde bellen Katzen miauen Kühe muhen Schafe blöken Pferde wiehern Löwen brüllen Vögel zwitschern

**Im Haus** Fernseher plärrt Wasserhahn tropft Essen brutzelt Wasser kocht Uhr tickt Tür quietscht

## Düfte

Blumen angebrannter Toast Gas warmer Kuchen Parfüm alte Socken

## Geschmack

süß sauer bitter geschmackvoll eklig

## Körperkontakt

liebkosen hätscheln küssen umarmen drücken massieren schlagen schubsen

## Farben

grünes Gras rote Rosen gelbe Narzissen blauer Himmel blaues Meer weißer Sand silberner Mond goldene Sonne weiße Wolken

## Landschaftsszenen

Bäume Felder Flüsse Bauernhof Kirche

## Stadtszenen

Wege Straßen Büros Geschäfte Kreuzungen Verkehr Bahnhof

## Küste

Sand Strand Wellen Landungssteg Felsen Klippen Höhlen Fische Jachten Ruderboote Kreuzfahrtschiffe Hotel Kiesel Meeresbriese Strandkörbe Liegestühle

## Räume

Form Einrichtung Fenster Decke Teppich Läufer Feuer Lampen Lichtverhältnisse Möbel

# Mathematik

Zwischen dem neunten und elften Lebensjahr ist Mathematik eines der wichtigsten Schulfächer und entscheidend dafür, wie gut das Zeugnis ausfällt. Wenn jetzt Mathematik ohne Druck gelehrt wird, kann das selbst bei mathematikunwilligen Schülern Wunder bewirken.

## 1 x 1-Reihen

Jetzt sollte Ihr Kind beim Aufsagen des 1 x 1 schon sehr sicher sein. Für einige Kinder sind die 7er- und 8er-Reihen am schwersten zu lernen und brauchen dabei Hilfe. Das Einteilen in Gruppen (wie schon erklärt) kann dabei helfen und auch einen Bezug zur Division schaffen.

Bei der 9er-Reihe kann Ihr Kind ein ganz klares Muster erkennen: Die Quersumme jeder Multiplikation ergibt 9; mit jeder Multiplikation werden die Einer kleiner, die Zehner größer.

▼ Einer (9 bis 0)

| | | | | | |
|---|---|---|---|---|---|
| 1 | x | 9 | = | 0 | 9 |
| 2 | x | 9 | = | 1 | 8 |
| 3 | x | 9 | = | 2 | 7 |
| 4 | x | 9 | = | 3 | 6 |
| 5 | x | 9 | = | 4 | 5 |
| 6 | x | 9 | = | 5 | 4 |
| 7 | x | 9 | = | 6 | 3 |
| 8 | x | 9 | = | 7 | 2 |
| 9 | x | 9 | = | 8 | 1 |
| 10 | x | 9 | = | 9 | 0 |

▲ Zehner (9 bis 0)

Oft hilft bei der 9er-Reihe auch, die Finger zu Hilfe zu nehmen, z. B. streckt man bei 3 x 9 = 27 beide Hände vor sich aus, dann zählt man (mit dem linken kleinen Finger beginnend) bis 3 und klappt den 3. Finger ein. Die Finger links neben dem eingeklappten Finger der linken Hand sind die Zehner (also 2), die rechts daneben liegenden die Einer (also 7, Ergebnis = 27).

## Weitere Brüche

### Gleichungen

Vielen Kindern fällt es schwer, Gleichungen mit Brüchen zu verstehen, aber mit der Tabelle auf S. 133 und der folgenden Aufstellung wird Ihr Kind diesen Vorgang leichter verstehen.

| 1 |
|---|

| ½ | ½ |
|---|---|

| ¼ | ¼ | ¼ | ¼ |
|---|---|---|---|

| ⅛ | ⅛ | ⅛ | ⅛ | ⅛ | ⅛ | ⅛ | ⅛ |
|---|---|---|---|---|---|---|---|

½ + ½ = 1

$\frac{1}{4} + \frac{1}{4} + \frac{1}{4} + \frac{1}{4} = 1$

Acht $\frac{1}{8}$ sind 1 Ganzes.

Ebenso sind $\frac{1}{2} = \frac{2}{4} = \frac{4}{8}$ und $\frac{3}{4} = \frac{6}{8}$.

## Die Heranführung an Dezimalzahlen

Dezimalzahlen sind für die meisten Schüler am schwierigsten zu verstehen. Deshalb ist es ganz wichtig, dass Ihr Kind hier einen Bezug zum realen Leben erkennt, sonst wird es schwierig, sich große Zahlen vorzustellen. Jeder Schritt muss gut erklärt werden und nach jedem Lernschritt muss man sich vergewissern, ob der letzte auch wirklich verstanden worden ist.

Das folgende Quadrat hilft Ihrem Kind, sich das Verhältnis von Dezimalzahlen zu ganzen Zahlen und zu Brüchen bildlich vorzustellen.

| | | | | | | | | | | | |
|---|---|---|---|---|---|---|---|---|---|---|---|
| 0,01 | 1/100 | 1/100 | 1/100 | 1/100 | 1/100 | 1/100 | 1/100 | 1/100 | 1/100 | 1/100 | 0,10 |
| 0,11 | 1/100 | 1/100 | 1/100 | 1/100 | 1/100 | 1/100 | 1/100 | 1/100 | 1/100 | 1/100 | 0,20 |
| 0,21 | 1/100 | 1/100 | 1/100 | 1/100 | 1/100 | 1/100 | 1/100 | 1/100 | 1/100 | 1/100 | 0,30 |
| 0,31 | 1/100 | 1/100 | 1/100 | 1/100 | 1/100 | 1/100 | 1/100 | 1/100 | 1/100 | 1/100 | 0,40 |
| 0,41 | 1/100 | 1/100 | 1/100 | 1/100 | 1/100 | 1/100 | 1/100 | 1/100 | 1/100 | 1/100 | 0,50 |
| 0,51 | 1/100 | 1/100 | 1/100 | 1/100 | 1/100 | 1/100 | 1/100 | 1/100 | 1/100 | 1/100 | 0,60 |
| 0,61 | 1/100 | 1/100 | 1/100 | 1/100 | 1/100 | 1/100 | 1/100 | 1/100 | 1/100 | 1/100 | 0,70 |
| 0,71 | 1/100 | 1/100 | 1/100 | 1/100 | 1/100 | 1/100 | 1/100 | 1/100 | 1/100 | 1/100 | 0,80 |
| 0,81 | 1/100 | 1/100 | 1/100 | 1/100 | 1/100 | 1/100 | 1/100 | 1/100 | 1/100 | 1/100 | 0,90 |
| 0,91 | 1/100 | 1/100 | 1/100 | 1/100 | 1/100 | 1/100 | 1/100 | 1/100 | 1/100 | 1/100 | 1,00 |

Jedes Quadrat ist $\frac{1}{100}$ des ganzen Quadrates.

$0{,}01 = \frac{1}{100}$ und $0{,}10 = \frac{10}{100} = \frac{1}{10}$

$0{,}02 = \frac{2}{100}$ und $0{,}20 = \frac{20}{100} = \frac{2}{10}$ usw.

Mit dem Stellenwert kann sich Ihr Kind noch eine weitere Verbindungshilfe aufbauen.

| | | | | | | | | |
|---|---|---|---|---|---|---|---|---|
| 7000 | 700 | 70 | 7 | | 7/10 | 7/100 | 7/1000 | 7/10.000 |
| 7 | 7 | 7 | 7 | • | 7 | 7 | 7 | 7 |
| ← ganze Zahlen | | | | | Brüche (Dezimalzahlen) → | | | |

Ebenso:

,7 = $\frac{7}{10}$    ,07 = $\frac{7}{100}$    ,007 = $\frac{7}{1000}$

Sehr hilfreich sind auch Übungen wie „Wie viel cm sind 4 mm? Sag es erst als Bruch, dann als Dezimalzahl!“

| 0 | ,1 | ,2 | ,3 | ,4 | ,5 | ,6 | ,7 | ,8 | ,9 | 1 cm |
|---|---|---|---|---|---|---|---|---|---|---|
| | 1/10 | 1/10 | 1/10 | 1/10 | 1/10 | 1/10 | 1/10 | 1/10 | 1/10 | 1/10 |
| 0 | 1 | 2 | 3 | 4 | 5 | 6 | 7 | 8 | 9 | 10 mm |

1 cm = 10 mm und 10 mm = 1 cm sind ganz einfach bildlich darzustellen, und weil Ihr Kind schon Erfahrungen mit dem Lineal hat, kann es jetzt seine Kenntnisse davon anwenden und das Neue gut verstehen. 1 Meter = 100 cm ist etwas schwieriger, aber auch bei diesem zweiten Lernschritt können ihm wieder seine Erfahrungen mit dem Metermaß gut helfen.

| 0 | 100 | 200 | 300 | 400 | 500 | 600 | 700 | 800 | 900 | 1000 g |
|---|---|---|---|---|---|---|---|---|---|---|
| 0 | ,1 | ,2 | ,3 | ,4 | ,5 | ,6 | ,7 | ,8 | ,9 | 1,0 kg |

| 0 | 100 | 200 | 300 | 400 | 500 | 600 | 700 | 800 | 900 | 1000 ml |
|---|---|---|---|---|---|---|---|---|---|---|
| 0 | ,1 | ,2 | ,3 | ,4 | ,5 | ,6 | ,7 | ,8 | ,9 | 1,0 Liter |

1 kg = 1000 g und 1 Liter = 1000 ml können mit Diagrammen und mit Zahlenreihen à 100 Einern gut verstanden werden.

## An Schwierigkeiten mit Brüchen arbeiten

In der Regel können Kinder zwischen neun und elf Jahren die Frage „Was ist die Hälfte von 8?“ schnell beantworten. Sie können sich die Hälfte von etwas leicht vorstellen und haben viele Beispiele parat, an denen sie das Ergebnis festmachen können. Schwieriger sind Aufgaben wie: „Was ist die Hälfte von 52?“, deshalb muss eine Verbindung zwischen Brüchen und Division hergestellt werden:

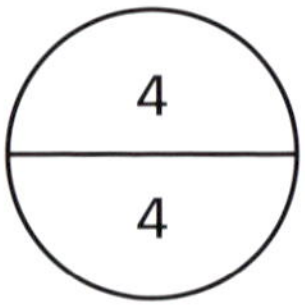


8 : 2 = 4

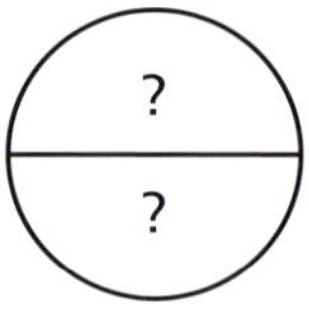


52 : 2 = 26

Die Aufgabe: „Was ist ¼ von 52?“ ist für viele noch schwieriger:

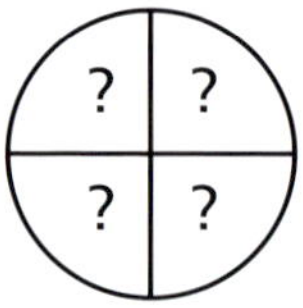


52 : 4 = 13

Wie man ¾ von Zahlen herausfindet, muss ebenfalls Schritt für Schritt erklärt werden:

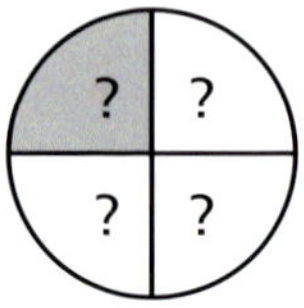


¼ von 12 ?

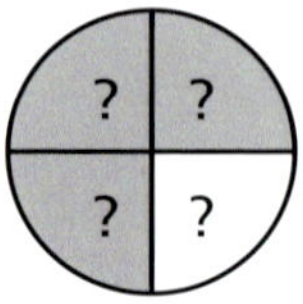


¾ von 12 ?

Auch hier muss jeder Lernschritt gründlich überprüft werden, damit der Schritt, nur mit abstrakten Ziffern zu arbeiten, auch gelingt.

¾ von 12 — Zähler (oben) / Nenner (unten) $\frac{3}{4}$

12 geteilt durch den Nenner (unten = 4) — 12 : 4 = 3

mal Zähler (oben = 3) — 3 x 3 = 9

Ergebnis: ¾ von 12 = 9

## Winkel

Winkel können mithilfe eines Kompasses oder mit einer Uhr untersucht werden:

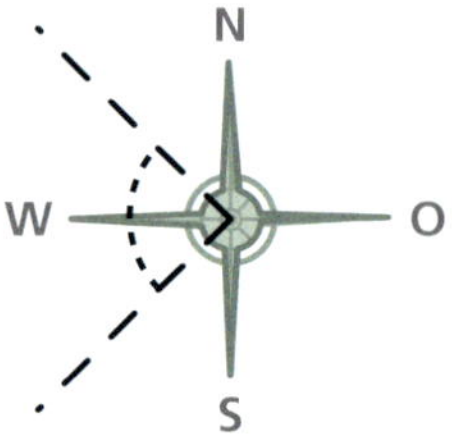


Mit zwei Kompassen kann man die Größe und die Bezeichnung der Winkel deutlich machen:

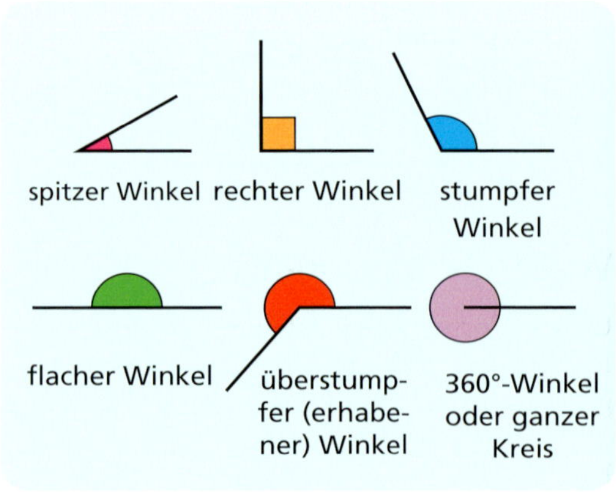

## Rechtwinklig, waagrecht und senkrecht

Beispiele:

| *rechtwinklig* | *senkrecht* | *waagrecht* |
|---|---|---|
| 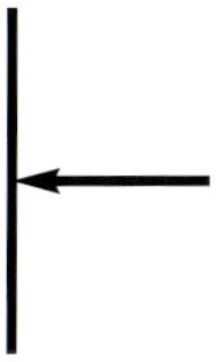 | Tür | Fußboden |
| | Wand | Tischplatte |
| | Stuhlbeine | Stuhlsitz |
| | Baumstamm | Meeresoberfläche |
| | Turm | |

Der Pfeil ist rechtwinklig zur Linie.

## Drehung

Zeichnen Sie die Richtungen des Kompasses auf ein großes Blatt Papier und stecken Sie ein zweites Blatt genau in der Mitte fest (s. Abb.). Wenn die Ecke a über b und c nach d gedreht wird, kann Ihr Kind genau mitverfolgen, wo der Mann wieder herauskommt (b, c, d entsprechen einer Drehung von 90°, 180° und 270° und wenn man wieder bei a ankommt, hat der Mann eine Drehung von 360° gemacht).

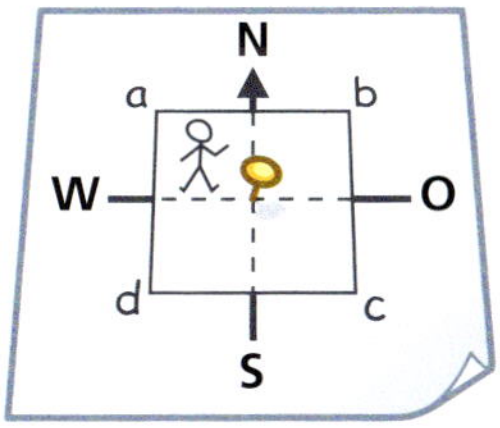


## Wahrscheinlichkeit

| Unwahrscheinlich | 50:50-Chance | Gewissheit |
|---|---|---|
| Ich werde nicht geboren werden. | Eine Münze werfen. | Ich lese dieses hier. |
| Ich kann bis zum Mond hüpfen. | Ich bin entweder männlich oder weiblich. | Ich habe eine Mutter. |

## Durchschnittswerte (Mittelwerte)

Diesen Begriff kann Ihr Kind sehr gut anhand vom „Teilen“ verstehen: Wenn man 8 Bonbons auf 2 Mädchen aufteilt, dann ist die obere der abgebildeten Lösungen ganz klar „ungerecht“, das „gerechtere“ Teilen wird darunter gezeigt. Der Durchschnitt von 5 und 3 ist also 4 und wird auch Mittelwert genannt. Der Begriff Durchschnitt kann, außer mit Bonbons, auch sehr gut mit Menschen verdeutlicht werden.

## Mehr als, weniger als

Dies wird normalerweise auf folgende Weise dargestellt:

| | |
|---|---|
| 8 ist größer als 3 | $8 > 3$ |
| 3 ist kleiner als 8 | $3 < 8$ |

Die größere Zahl steht immer an der weit geöffneten Seite des Pfeils, die Spitze zeigt immer zur kleineren Zahl.

# Naturwissenschaften

Die naturwissenschaftlichen Fächer in der Schule sind in der Regel Biologie, Chemie und Physik und werden meistens ab der siebten Klasse unterrichtet. Die folgenden Aufgaben und Forschungsgebiete geben Ihrem Kind eine gute Grundlage und sorgen dafür, dass diese Fächer interessant bleiben und Spaß machen.

## Biologie

Die hier beschriebenen biologischen Studien sind für neun- bis elfjährige Kinder sowohl nützlich als auch unterhaltsam.

**Pflanzenteile**
Untersuchen Sie mit Ihrem Kind die Teile und Funktionen einer Pflanze (z. B. Stängel, Blatt, Blüte, Knospe/Kronenblatt).

**Körperorgane**
Anhand eines Modells oder einer guten Illustration können Sie mit Ihrem Kind herausfinden, wo die einzelnen Organe sitzen und wofür sie gut sind (z. B. Herz, Nieren, Leber).

**Vermehrung**
Manchmal ist es für Kinder nicht so einfach zu verstehen, wie Vermehrung vonstatten geht. Mit den folgenden, sehr einfachen Beispielen wird es Ihnen gelingen:

**Tiere:** Die jungen Säugetiere werden je nach Tierart Welpen, Fohlen usw. genannt.
**Pflanzen:** Blumen produzieren Pollen, die der Wind und Insekten zu anderen Blumen tragen und so zu Samen werden.
**Früchte:** In den Früchten steckt der Samen (z. B. bei Tomaten, Äpfeln, Birnen, Orangen, Zitronen, Himbeeren und Melonen), aus denen die neuen Früchte wachsen.
**Nüsse:** Nüsse (z. B. Walnuss, Paranuss, Kokosnuss, Erdnuss) sind große Samen, die auf den Boden fallen und dort keimen oder neu gepflanzt werden.
**Kerne:** Der Samen steckt in den Kernen, und wenn man ihn in die Erde steckt, kann daraus eine neue Pflanze wachsen.
**Gesundheit und Umwelt:** In dieser Altersphase entwickeln Kinder ein Bewusstsein dafür, dass äußere Umweltfaktoren einen schädlichen Einfluss auf unsere Gesundheit und Umwelt haben können.
**Luftverschmutzung:** Sie wird durch Autoabgase, Fabrikschornsteine und andere Gifte verursacht. Reden Sie mit Ihrem Kind über die Auswirkungen dieser Verschmutzungen und wie verschiedene Chemikalien unsere Umwelt zerstören.
**Bazillen oder Viren:** Sie können Krankheiten, z. B. Erkältungen, Röteln oder Masern, auslösen. Impfungen (Schutzimpfungen) können vor einigen Erregern und Krankheiten schützen.

## Physik

Ihr Kind sollte jetzt schon Einiges über unterschiedliche Materialien und deren Eigenschaften, über physikalische Konsistenzen, über das Wetter, das Solarsystem und über Kräfte wissen.

### Materialien und physikalische Konsistenzen

Bitten Sie Ihr Kind, die folgende Liste zu ergänzen:

Material, mit dem man täglich zu tun hat

| | | | |
|---|---|---|---|
| Stein | Ziegel | Zement | Töpferware |
| Metall | Glas | Papier | Gummi |
| Leder | Stoff | Haare | Wolle |
| Plastik | Grafit | | |

Physikalische Konsistenz

| **fest** | **flüssig** | **gasförmig** |
|---|---|---|
| Eis | Wasser | Dampf |
| Eisen | Milch | Luft |
| Holz | Benzin | |
| Stein | Öl | |
| Zucker | | |

Verwendung von Metallen

| | |
|---|---|
| Eisen/Stahl | Brücken Besteck Rohre |
| Aluminium | Pfannen Flugzeuge |
| Kupfer | Kabel Rohre |
| Zink/Blech | schützt Eisen vor Rost |
| Kupfer | Verzierungen Eimer Schaltflächen/Tasten |

Verwendung von Plastik

| | |
|---|---|
| Styropor | Verpackungen Isolierungen |
| Acryl bzw. Plexiglas | anstelle von Glas |
| Plastik/Gummi/PVC | Schuhe Kleidung Tischdecken Spielzeug |

## Wetter

Untersuchen Sie mit Ihrem Kind folgende Themengebiete:

### Wetteraufzeichnungsinstrumente

Dazu gehören:

Regenmesser, Barometer, Windgeschwindigkeitsmesser, Wetterfahne

### Wettergefahren

Dazu gehören:

Tornados, Wirbelstürme, Frost, Dürre, Monsunregen, Regen, Hagel

### Andere Themengebiete

- Beaufort-Tabelle der Windstärken
- Treibhauseffekt
- Wasserkreislauf
- Wolken
- Wetterfronten
- Saurer Regen

## Sonnensystem

Untersuchen Sie mit Ihrem Kind:

- Unser Sonnensystem und die dazu gehörenden Planeten
- Meteore und Kleinplaneten (Asteroide)
- Sonnen- und Mondfinsternis
- Kometen

## Kräfte

Untersuchen Sie auch mit Ihrem Kind verschiedene Materialien, die gleich groß sind, aber eine unterschiedliche Dichte haben, z. B. ein Stück Eisen, Ton, Murmeln.

Wie sich Schwerkraft auswirkt, können Sie anhand folgender Themengebiete gut erklären:

- Gewicht und Gleichgewicht
- Flaschenzug
- Wippen und Hebel

# Aufgaben

## Deutsch

### Nr. 1

A Textverständnis

Endlich kam Alexander bei dem Möchtegern-Zauberer an, der wie gelähmt dastand, und spähte über dessen Schulter. Was er da entdeckte, verschlug ihm fast den Atem: Dort stand das grässlichste Wesen, das man sich vorstellen konnte.

Der spindeldürre Zauberer stand reglos da, umgeben von unzähligen Knochen früherer Mahlzeiten und ihm gegenüber befand sich das größte Reptil, das die Welt je gesehen hatte, und starrte ihn an. Es sah aus wie ein Alligator, aber viel, viel größer, und sein Kopf war so groß wie von einem T-Rex. Es öffnete sein riesiges Maul und man sah Reihen über Reihen von glänzenden, rasiermesserscharfen, weißen Zähnen und jeder Zahn war so groß wie das Schwert eines Ritters. Das Biest brüllte und dieses Brüllen hallte wie ein Donnergrollen durch den Raum.

„Gargantua!", stammelte der wie angenagelt dastehende Zauberer: „Die schlimmste aller Bestien!"

Fragen: (Ihr Kind sollte die Fragen schriftlich beantworten.)

Zu wem wollte Alexander gehen?
Was heißt „gelähmt"?
Was lag um den Zauberer herum?
Wie sah der Kopf der Bestie aus?
Wie groß waren die Zähne des Monsters?
Wie hörte sich sein Brüllen an?
Wie hieß die Bestie?
Was glaubst du, wie sich Alexander in dem Moment gefühlt hat?

B Bitten Sie Ihr Kind, Sätze mit dem Gegenteil des jeweiligen Wortes zu bilden:
antworten billig hell schwierig früh
leer ehrlich Erfolg Eingang viele

### Nr. 2

A Bitten Sie Ihr Kind, die Fehler in den Wörtern zu verbessern, die richtigen Satzzeichen zu setzen und darauf zu achten, ob die Grammatik stimmt:

Es tut mit leid das ich deinen Brif nich durch den Kamien schiken konnte das ist weil wier keinen Kamin haben sondern nuur Zentraalhaizun deshaln hab ich dem Brif in dein Hauß in lappenland geschikt

Für Weinnachten wünscht ich mich ein Motorat wie mein groser Bruda bekomen hat dann kann ich spiohne und so was ferfolgen

Mein Vatter sacht imma alles was er sich für Weinnacht wünscht ist ein Lotogewin damit er nich mer abeiten mus aber meine Muter sacht das sie in nich den gansen Tach im Haus haben will weil seine Soken imma so stinken fileicht ist es bessa wenn du im ga kein Weinnachtgeschänk giebs

Mit freundlichen Grüßen

B Bitten Sie Ihr Kind, die richtige grammatikalische Form in die Lücke zu setzen.

Der Wind ______________ den Baum um.
blies, blaste

Das blaue Boot ______________ auf dem Wasser in der Bucht.
**hüpfte, hüpftete**

Wir haben die Tickets __________ Bus gekauft.
**in, im**

Endlich __________ die Freunde.
**kamen, kommten**

Die Mutter ________________ mit dem Bäcker.
**sprechte, sprach**

Der Vater ______________ den Bruder auf den Arm.
**hob, hebte**

## Nr. 3

A Bitten Sie Ihr Kind, diese Sätze in die Vergangenheitsform zu setzen:
**Die Mädchen gehen auf den Jahrmarkt.**
**Die Glocken läuten.**
**Ich fahre in die Stadt.**
**Der Junge fällt hin.**
**Du gehst in die Stadt.**
**Schreibst du einen Brief?**

B Bitten Sie Ihr Kind, alles was möglich ist, in den Plural zu setzen:
**Der Junge rennt beim Wettlauf mit.**
**Der Mann spielt Tennis.**
**Ich fahre in den Urlaub.**
**Die Frau putzt das Haus.**
**Der Fußballspieler spielt den Ball um den Verteidiger herum.**
**Mein Freund kauft mir ein Geschenk.**

C Bitten Sie Ihr Kind, nach Worten zu suchen, die sinngemäß den folgenden ähneln, und damit Sätze zu schreiben:

| | | |
|---|---|---|
| anfangen | Konversation | schwierig |
| loswerden | verbergen | imitieren |
| Maximum | | |

## Nr. 4

A Bitten Sie Ihr Kind, das Gegenteil von den folgenden Wörtern aufzuschreiben und dann damit Sätze zu bilden:
**laut hassen irgendwo Frieden wenig**
**rau schwer immer falsch verstecken**

B Bitten Sie Ihr Kind, diese Sätze in die richtige Reihenfolge zu bringen, damit eine sinnvolle Geschichte entsteht:
**Wir fuhren zum Vergnügungspark.**
**Jeder stieg in das Auto.**
**Nach dem Besuch des Vergnügungsparks bekam jeder ein Eis.**
**Wir waren startklar.**
**Mein Bruder und ich gingen auf die Berg-und-Talbahn.**
**Wir fuhren nach Hause.**
**Papa schlug vor, zum Vergnügungspark an der Küste zu fahren.**
**Wir kamen an der Küste an.**

C Bitten Sie Ihr Kind, jeden dieser Sätze mit mindestens fünf Wörtern zu beenden:

**Das Auto fuhr schnell ....................**

**Plötzlich wurde ich wach ................**

**Der Junge fiel ins Wasser .......................**

**Der Mann kroch .........................**

**Der Lehrer war sauer, weil .................**

D Textverständnis

Plötzlich ertönte noch ein zweites, viel lauteres Grollen. Die Erde unter unseren Füßen begann zu beben und sich zu erheben.

„Schnell, zurück zu den Stufen!", rief Sofie und ihre Stimme klang auf einmal so verzweifelt, dass wir alle sofort umkehrten und stolpernd den schmalen Gang herunterrannten.

„Hilf mir!", stöhnte Julian hinter uns. Ich drehte mich um und sah, wie er unter dem Gewicht einer alten Kiste zusammenzubrechen drohte.

Sofie sah ihn ebenfalls. „Die Decke stürzt bald ein und du versuchst, so eine alte Kiste zu retten?“, schrie sie ihn an, aber wir konnten sehen, dass Julian nicht bereit war, die Kiste stehenzulassen. Sofie ergriff das eine Ende der Kiste und ich fasste sie von unten.

Dann hörte man nur noch einen wahnsinnigen Lärm hinter uns. „Die Decke ist eingestürzt!“, rief Julian. Nur mit Mühe erreichten wir die Treppe und stiegen hinauf.

Und dann fiel es mir siedend heiß ein: „Rex ist nicht da!“, schrie ich. „Wir haben Rex zurückgelassen!“

Sofie schaute mich an und ihre Augen waren plötzlich ganz dunkel vor Trauer.

„Es hilft alles nichts. Wir können nicht zurück!“, sagte sie. Ich starrte auf die schwarze Staubwolke, die von der Treppe, über die wir gerade geflüchtet waren, aufstieg. Plötzlich schoss aus dem Steinhaufen eine braune Promenadenmischung. „Rex!“, japste ich, „Du Herumtreiber!“

Fragen: (Ihr Kind sollte die Antworten in ganzen Sätzen aufschreiben.)

Warum hatten es die Kinder so eilig?
Warum fällt Julian hinter den beiden zurück?
Wie helfen Sofie und der Erzähler Julian?
Warum hörte man plötzlich einen wahnsinnigen Lärm?
Wen hatten sie zurückgelassen?
Was für ein Tier ist Rex?
Warum nennt der Erzähler Rex einen „Herumtreiber“?
Wo befinden sich die Kinder gerade?

### Nr. 5

A Bitten Sie Ihr Kind, die folgenden Sätze zu korrigieren:

Ich arbeite mehr schwerer.
Der Mann, das da kommt, ist ein Spion.
Er ist der Älteste von beiden von uns.
Ich geh im Bett.
Ich bin die Zeit vergessen.
Sie warst zu Hause.

B Bitten Sie Ihr Kind, vor jeden Teilsatz mindestens fünf Wörter zu setzen:

................................................., stieß ich mir den Kopf.

................................................. und dann haben sie ihn gefangen.

................................................. schwimmen.

................................................. ohne Absicht.

...................................................... sehr glücklich.

C Bitten Sie Ihr Kind, die richtigen Satzzeichen einzufügen:

Gestern habe ich Süßigkeiten nämlich Schokolade mit Nüssen und Karamellbonbons geschenkt bekommen
Du gehst jetzt besser nach Hause sagte sie sonst wird deine Mutter wütend
Zu Weihnachten sagte der Junge bekomme ich ein Computerspiel eine Eisenbahn zum Zusammenbauen Geld und einen Fußball

## Mathematik

### Nr. 1

A Bitten Sie Ihr Kind, die folgenden Rechenaufgaben auszurechnen:

$$\begin{array}{r} 712 \\ +\,898 \\ \hline \\ \hline \end{array} \qquad \begin{array}{r} 842 \\ -\,376 \\ \hline \\ \hline \end{array} \qquad \begin{array}{r} 901 \\ -\,173 \\ \hline \\ \hline \end{array}$$

126 x 3 = __  486 x 4 = __  749 x 6 = __

**B** Bitten Sie Ihr Kind, das Folgende als Zahl zu schreiben: siebenhundertdreiundzwanzig.

**C** Bitten Sie Ihr Kind, diese Zahl als Wort zu schreiben: 617.

**D** Bitten Sie Ihr Kind, folgende Divisionen auszurechnen:

27 : 3 = __ 54 : 3 = __

96 : 4 = __ 532 : 2 = __

**E** 240 = ? x 24

**F** Ein Junge hat drei Schulfächer: Mathematik, Deutsch und Naturwissenschaften. Er kann sie belegen, wie er will. Bitten Sie Ihr Kind, alle Möglichkeiten aufzuschreiben.

## Nr. 2

**A** Wie groß ist die Chance, beim Münzwurf die Zahlenseite zu werfen?

**B** Wie viele Stunden sind drei Einheiten à 40 Minuten?

**C** Bitten Sie Ihr Kind, diese Angaben als Dezimalzahlen zu schreiben:

$\frac{1}{10}$ = __ $\frac{3}{10}$ = __ $\frac{7}{10}$ = __

$\frac{4}{10}$ = __ $\frac{1}{100}$ = __ $\frac{3}{100}$ = __

$\frac{7}{100}$ = __ $\frac{17}{100}$ = __ $\frac{34}{100}$ = __

$\frac{85}{100}$ = __ $\frac{21}{100}$ = __

**D** Bitten Sie Ihr Kind, diese Angaben in Brüchen zu schreiben:

0,1 = __ 0,7 = __

0,01 = __ 0,08 = __

0,15 = __ 2,03 = 2__

**E** $\frac{1}{10}$ eines Meters = 100 : 10 = __

**F** $\frac{3}{10}$ eines Meters = 100 : 10 x 3 = __

**G** $\frac{7}{10}$ eines Meters = 100 : 10 x 7 = __

(Tipp für Ihr Kind: 100 geteilt durch Nenner – unten – mal Zähler – oben.)

## Nr. 3

**A** Bitten Sie Ihr Kind, folgende Divisionen auszurechnen:

63 : 7 = __ 72 : 8 = __ 54 : 9 = __

**B** Was ist ¾ von 20?
(Erinnern Sie Ihr Kind an die Regel: geteilt durch den Nenner mal Zähler.)

**C** Bitten Sie Ihr Kind, folgende Aufgabe zu lösen:
Ein Vater ist drei Mal so alt wie sein Sohn. Wie alt ist der Sohn, wenn der Vater 36 Jahre alt ist?

(Tipp, falls nötig: ? x 3 = 36 ist das Gleiche wie 36 : 3 = ?).

**D** Bitten Sie Ihr Kind, diese Angaben als Stunden zu nennen:

7:30 Uhr morgens

2:00 Uhr nachmittags

8:30 Uhr abends

**E** ¼ von 2 Euro = ______

¾ von 2 Euro = ______

## Nr. 4

**A** Bitten Sie Ihr Kind, folgende Divisionen auszurechnen:

1161 : 3 = __ 1015 : 7 = __

B Fahrplan

| Station | 1. Zug | 2. Zug | 3. Zug |
|---|---|---|---|
| Stuttgart | 11:35 | 12:55 | 14:24 |
| Ulm | 11:53 | 13:14 | 14:39 |

Bitten Sie Ihr Kind, diese Fragen zu beantworten:

**Welcher Zug ist am schnellsten?**
**Wie lange braucht er?**
**Ein Mann kommt um 1:15 Uhr am Stuttgarter Bahnhof an. Wie lange muss er auf den nächsten Zug warten?**

C Bitten Sie Ihr Kind, die Umrisse folgender Formen zu zeichnen:
**A Würfel**
**B Prisma**

D Bitten Sie Ihr Kind, diese Punkte zu markieren und zu verbinden, um die Form zu erkennen:

**(2, 1), (2, 3), (3, 4), (4, 3), (4, 1), (3, 0)**

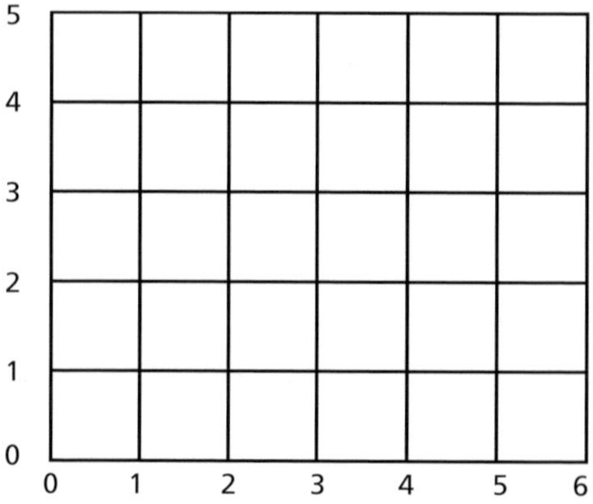


(Tipp: Die horizontale Richtung wird immer zuerst genannt, dann folgt die vertikale.)

E Bitten Sie Ihr Kind, folgende Aufgaben zu lösen:

Was ist ¼ von 1000 ( = 1000 : 4) ___

Was ist ¾ von 1000 ( = 1000 : 4 x 3) ___

F Welche Chance hat man, mit einem Würfel eine 6 zu würfeln?

## Nr. 5

A Wie viele rechte Winkel gibt es, wenn man sich im Uhrzeigersinn von Osten nach Norden dreht?

B Bitten Sie Ihr Kind, die richtige Bezeichnung unter die Winkel zu schreiben:
**spitzer Winkel, erhabener Winkel, stumpfer Winkel**

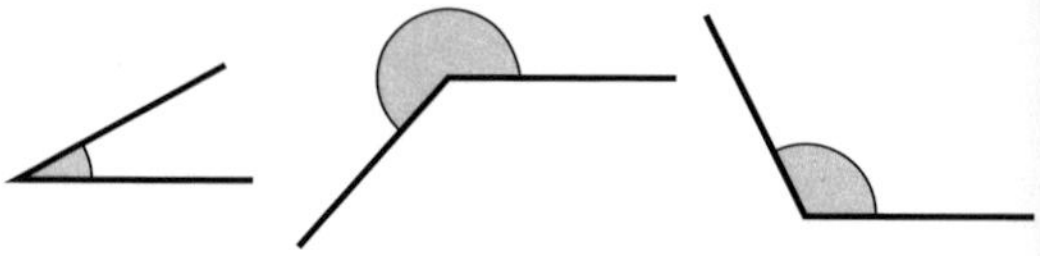

C Bitten Sie Ihr Kind herauszufinden, wie viele 5-Minuten-Abstände zwischen den Zeigern der Uhr sind:

D **23 x 10 = ___** **23 x 100 = ___**
**40 : 10 = ___** **400 : 10 = ___**

E Wie viele Hunderter sind in 400?
Wie viele Hunderter sind in 40.000?

F Bitten Sie Ihr Kind, diese Zahlen zu addieren:

**7,1 + 2,9 = ___**

## Nr. 6

A Was ist der Durchschnitt dieser Zahlen:

2 5 7 8 3

(Tipp: Die Zahlen addieren, dann das Ergebnis durch die Anzahl der Zahlen dividieren.)

B Bitten Sie Ihr Kind, diese Textaufgabe zu lösen:
**Ich habe einen 15 kg schweren Sack Mehl und fülle daraus 7 Tüten Mehl, jede Tüte wiegt 1,45 kg: Wie viel Mehl bleibt in dem großen Sack übrig?**

C > bedeutet mehr als (größer als). < bedeutet weniger (kleiner als). Bitten Sie Ihr Kind, mithilfe der unten abgebildeten Zahlenreihe herauszufinden, ob die folgenden Behauptungen stimmen:

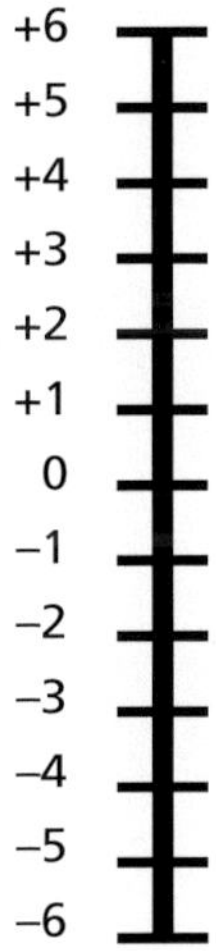


$5 > 1$

$1 < -2$

$-1 < -6$

$4 > -6$

$0 < 3$

D $\frac{1}{2}$ km = __m    $\frac{1}{4}$ km = __m

$\frac{3}{4}$ km = __m    $\frac{1}{2}$ cm = __ mm

$\frac{1}{4}$ cm = __ mm    14 mm = __cm

150 cm = __m    2000 g = __kg

## Nr. 7

A $\frac{1}{6} + \frac{1}{6} = \frac{\_}{6}$

B $\frac{1}{3} = \frac{\_}{6}$

C $\frac{1}{3} + \frac{1}{6} = \frac{\_}{6}$

D $\frac{1}{2} = \frac{\_}{6}$

E $\frac{1}{2} + \frac{1}{6} = \frac{\_}{6}$

F $2\frac{1}{2} = \frac{\_}{2}$

G Wie viele Minuten liegen zwischen 10:30 Uhr (morgens) und 11:20 Uhr (morgens)?

H Wie viele Minuten liegen zwischen 10:45 Uhr (morgens) und 13:30 Uhr?

I Wie viele 1 cm große Würfel passen in eine 4 cm hohe, 5 cm lange und 3 cm tiefe Kiste?

## Nr. 8

Bitten Sie Ihr Kind, diese Tabelle zu vervollständigen und die Fragen zu beantworten:

| Was Kinder mögen | Strichlisten-aufzählung | Anzahl der Kinder |
|---|---|---|
| Fahrten auf der Kirmes | 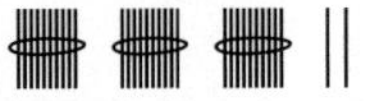 | 32 |
| TV- Serien | 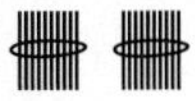 | |
| Lesen | \|\|\| | |
| Sport treiben |  | |
| Mathematik | \|\| | |

Was machen die Kinder am liebsten?
Wie viele Kinder nahmen an der Untersuchung teil?

# Register

## A



## B



## C



## D

## E



## F



## G



## H



## I



## K

## L



## M



## N



## P



## Q



## R

## S



## T



## U



## V



## W

## Z



Erstveröffentlichung in Großbritannien 2006
unter dem Titel „Bring out the genius in your child“ by Hamlyn Octopus,
part of Octopus Publishing Group Ltd,
2–4 Heron Quays, Docklands,
London E14 4JP

Copyright © 2006
Octopus Publishing Group Ltd
All rights reserved

Genehmigte Lizenzausgabe
EDITION XXL GmbH
Fränkisch-Crumbach 2008
www.edition-xxl.de

Übersetzung: Maya Hasenbeck

ISBN (13) 978-3-89736-380-9
ISBN (10) 3-89736-380-1

Der Inhalt dieses Buches wurde von Autor und Verlag sorgfältig erwogen und geprüft. Es kann keine Haftung für Personen-, Sach- und/oder Vermögensschäden übernommen werden.

Kein Teil dieses Werkes darf ohne schriftliche Einwilligung des Verlages in irgendeiner Form (inkl. Fotokopien, Mikroverfilmung oder anderer Verfahren) reproduziert oder unter Verwendung elektronischer oder mechanischer Systeme verarbeitet, vervielfältigt oder verbreitet werden.